Linda-Marie Günther

Hannibal

Linda-Marie Günther

Hannibal

Ein biografisches Porträt

HERDER

FREIBURG · BASEL · WIEN

Originalausgabe

Verlag Herder GmbH, Freiburg im Breisgau 2010

www.herder.de

Satz: Weiß-Freiburg GmbH – Graphik & Buchgestaltung
Herstellung: CPI Moravia Books, Pohorelice

Gedruckt auf umweltfreundlichem, chlorfrei gebleichtem Papier
Printed in Czech Republic

ISBN 978-3-451-06217-9

Inhalt

Im Osten
193 v. Chr.

Als Hannibal an diesem Sommermorgen aufstand, war ihm klar, dass der vergangene Abend unangenehme und schon bald spürbare Auswirkungen haben würde. Seit mehr als einem Jahr lebte er nun schon in Ephesos, wohin es ihn nach seiner Flucht aus Karthago schließlich verschlagen hatte. Hier fühlte er sich durchaus wohl, auch wenn die große Hafenstadt an der Westküste Kleinasiens keinem Vergleich mit seiner Vaterstadt in Afrika standhielt. Mochte die ionische Griechen-Polis auch älter sein als die einstige phönizische ‹Kolonie› im fernen Westen, so hatte sie doch niemals in ihrer Geschichte eine anhaltende überregionale Bedeutung entwickelt, während Karthago zur Metropole geworden war. Ephesos strahlte vielmehr den Charme einer satten Landstadt aus, zu dem der laute Haufen am königlichen Hof ebenso wenig zu passen schien wie das international renommierte und viel besuchte Heiligtum der Artemis, das nahe der Küstenlinie außerhalb des urbanen Zentrums lag.

Hannibal vermisste die Atmosphäre des Bürgerstolzes und der Unbeugsamkeit gegenüber den Zeitläuften, wie er sie aus Karthago selbst, aber auch aus Griechenstädten Unteritaliens, beispielsweise Tarent, kannte. Er erklärte sich die hiesige Mentalität mit der Geschichte der Ephesier. Bereits in früheren Zeiten, als noch die Lydierkönige und dann die Perserkönige über das anatolische Binnenland und nominell auch über die ionische Küstenregion geboten, hatten sie sich mehr oder weniger widerstandslos mit den jeweiligen Machthabern arrangiert. Auch das letzte Jahrhundert mit den Erschütterungen durch die Diadochen- und Epigonenkämpfe, aus denen eine neue Weltordnung mit den drei großen hellenistischen Monarchien hervorgegangen war, hatten sie gut überstanden: Die ‹Befreiung› vom Achämenidenjoch durch den Makedonenkönig Alexander den Großen hatte ihnen den vergrößerten und verschönerten Artemistempel eingebracht, die nur wenige Jahre dauernde Herrschaft des Lysimachos die gewaltige Stadtmauer. Den Ausbau des zugleich wiederbelebten Hafens verdankten sie schließlich ihrer Zugehörigkeit zum damals seebeherrschenden Ptolemäerreich. Und seit über zwei Generationen profitierte Ephesos nun davon, gelegentliche Residenz der Seleukiden zu sein. Wer würde als Nächster kommen?

Schon mehrfach hatte Hannibal das prächtige Mausoleum des hier verstorbenen dritten seleukidischen Königs Antiochos II. Theos aufgesucht, das in der Nähe der Stadt errichtet, genauer gesagt aus dem Granitfelsen herausgearbeitet worden war – übrigens in Hannibals eigenem ersten Lebensjahr. Die alten Leute erinnerten sich noch an Seleukos II. Kallinikos, den Sohn von Antiochos' II. erster Gattin Laodike, und an den Krieg um die Thronfolge mit dem Ptolemäerreich, der bei Seleukos' Herrschaftsantritt sogleich ausgebrochen war. Der junge König in Alexandria, Ptolemaios III. Euergetes, hatte um die Erbansprüche von Antiochos' II. Sohn aus zweiter Ehe, seines noch minderjährigen Neffen, den ‹Dritten Syrischen Krieg› geführt – letztlich vergebens, aber mit territorialen Einbußen für die Seleukiden. Inzwischen regierte seit 30 Jahren Seleukos' II. energischer Sohn Antiochos und hatte im nahen und mittleren Osten bis nach Indien nicht nur die verlorenen seleukidischen Gebiete zurückgewonnen, sondern in zwei weiteren ‹Syrischen Kriegen› auch das schwer umkämpfte Südsyrien mit so bedeutenden Hafenstädten wie Tyros. Um auch im Westen das Reich in dem Umfang wiederherzustellen, den es unter dem Dynastiegründer Seleukos I. Nikator gehabt hatte, war Antiochos seit einigen Jahren in Kleinasien präsent und residierte in Ephesos.

Hannibal lebte in einer Bürgerstadt, die sich im Ausnahmezustand befand, da ihr Alltag von den Belangen des königlichen Hofes und der Reichsverwaltung bestimmt wurde. Freilich war der Exil-Karthager selbst Teil dieses monarchischen Systems, denn er wäre wohl nicht in der beschaulichen Griechenstadt gewesen, sondern im nordsyrischen Antiocheia am Orontes, der traditionellen Hauptstadt des Seleukidenreiches, wenn sich der König dort aufgehalten hätte.

Die letzte Nacht hatte Hannibal ungewohnt unruhig verbracht, was weniger an den erlesenen Speisen und Getränken des gestrigen Festbanketts lag als an der Gesellschaft, in der er sich viele Stunden lang hatte aufhalten, ja zusammennehmen müssen. Waren Gastereien dieser Art ohnehin nicht nach seinem Geschmack, so hatten die Gespräche zudem im Verlauf des Abends die übliche Mischung aus Ungezwungenheit, Höflichkeit und intellektueller Redlichkeit vermissen lassen. Vermutlich kosteten ihn seine offenherzigen Antworten auf die verschiedenen Zumutungen der römischen Gesandten das Vertrauen oder wenigstens die Sympathie einiger einflussreicher Männer am Hofe des Königs Antiochos III. Jetzt würde ihm wohl noch mehr als bisher äußerstes diplomatisches Verhalten abverlangt werden – ein Talent, über das er trotz aller sonstigen vielfältigen außerordentlichen Begabungen nicht im benötigten Maße verfügte. Während er von einer großen Silberschale frisches Obst naschte, rief er sich den gestrigen Abend noch einmal vor sein geistiges Auge.

Gastgeber war Menippos gewesen, ein hochrangiges Mitglied des Kronrates, der erst vor wenigen Monaten von einer diplomatischen Mission nach Rom zurückgekehrt war und der die Anwesenheit einer römischen Gesandtschaft in Ephesos zum Anlass für seine Einladung genommen hatte. Schon seit einigen Tagen hielten sich die zwei Senatoren Publius Villius und Publius Aelius mit ihrer Begleitung in der Stadt auf, ohne dass die offiziellen Gespräche, zu denen sie eigentlich gekommen waren, hätten begonnen werden können. König Antiochos war schon seit mehreren Wochen in Pisidien, wo er eine Strafexpedition gegen Rebellen leitete. Seine Rückkehr wurde erst im nächsten oder übernächsten Monat erwartet, und auch sein Sohn und Mitregent Antiochos war nach Syrien abgereist. Man hatte am Hof eigentlich nicht mit der Ankunft der Gesandtschaft zu diesem Zeitpunkt gerechnet, wenngleich ein neuerlicher Versuch, den schwelenden Konflikt zwischen beiden Staaten beizulegen, für diesen Sommer annonciert, ja erhofft worden war.

Im Kronrat war man sich angesichts des unzeitigen Besuchs der Delegation nicht einig, ob man die Herren Senatoren möglichst schnell zu Antiochos ins Feld bringen sollte oder ob es besser wäre, sie zu einem späteren Termin erneut nach Ephesos zu bitten. Daran, dass sie in der Stadt die Rückkehr des Königs erwarteten, hatte niemand ein Interesse. Ganz im Gegenteil stand zu fürchten, dass sie die Zeit zum Sammeln von Informationen nutzten, sofern man nicht ihre Bewegungsfreiheit einschränkte, was ein schlechtes Omen für die anstehenden Gespräche gewesen wäre. Gerade Menippos gehörte zu denjenigen, die sich von der römischen Delegation ohnehin nichts Gutes erwarteten. Zu deutlich hatte er am Tiber die unnachgiebige Haltung des Senats kennengelernt, als dass er noch auf einen Kompromiss hoffte. Auch dass sein König die gegenseitige Nichteinmischung in Asien bzw. Europa akzeptieren würde, die er seit drei Jahren ablehnte, war undenkbar, denn damit hätte der mächtigste Monarch der Welt von seinem Lebensziel Abstand genommen, nämlich die seleukidische Herrschaft bis nach Thrakien zu tragen. Scheiterte jetzt aber der Versuch einer Einigung, dann war Krieg gegen Rom nicht mehr zu vermeiden.

Münze mit dem Porträt Antiochos' III.

Das gegenseitige Misstrauen hatte die Stimmung beim Gastmahl des Menippos spürbar belastet. Hannibal, dem ein Speisesofa gemeinsam mit seinem Vertrauten Simon aus Sidon und mit Artaxias, einem entfernten Verwandten des Königs und Satrapen von Armenien, zugeteilt worden war, hatte kein besonderes Interesse an einem persönlichen

Gespräch mit den Römern. So war er froh, dass seine Kline nicht direkt neben derjenigen des Gastgebers stand, auf der als Ehrengast der ältere der beiden Gesandten, Publius Aelius, sowie als ranghöchster Teilnehmer Alexander, der jüngste Sohn des Königs, Platz genommen hatten. Der andere Römer, Publius Villius, speiste dem Hannibal gegenüber an der Seite des Königsfreundes Lysias, den die Senatoren von seiner vorjährigen Reise nach Rom kannten. Als Dritter lag dort ein weiterer auswärtiger Staatsgast, der gerade erst aus Griechenland eingetroffen war, der Ätoler Thoas, was sich jedoch schon bald als fataler Regiefehler erweisen sollte. Die Lautstärke auf dieser Kline steigerte sich immer wieder ins Ungebührliche, so dass alle anderen Gäste zu unfreiwilligen Ohrenzeugen der Unterhaltung wurden. Zunächst brüstete sich der Grieche mit seinen zahlreichen Freunden unter den einflussreichen Römern, lobte die römischen Legionen, kritisierte aber ungeniert den Mann, der erst kürzlich in Rom seinen Triumph über den Makedonenkönig Philipp gefeiert hatte, Titus Quinctius Flamininus, den erklärten Liebling der Hellenen. Publius Aelius, selbst kein Anhänger des ‹Befreiers von Griechenland›, schwadronierte daraufhin von den unerreichten strategischen Leistungen des Publius Cornelius Scipio. Der Triumph des Africanus, Sieger über die Karthager nach einem siebzehnjährigen Krieg, sei ein ewiges Ruhmesblatt der römischen Geschichte. Ein Mann wie Scipio hätte selbst Alexander den Großen besiegt.

Mit großer Geste zeigte er hinüber zu Hannibal und rief, Scipio sei der größte Feldherr aller Zeiten! In die erheiterte Runde antwortete der Karthager, dass er immer noch den großen Alexander für den bedeutendsten Feldherrn der Weltgeschichte halte. Jetzt mischte sich Menippos ein, der nach dem zweiten Platz fragte. Lysias beeilte sich König Antiochos zu nennen, Aelius machte eine wegwerfende Handbewegung und sagte laut: natürlich Scipio. Hannibal, vom Gastgeber direkt angesprochen, antwortete mit Pyrrhos und dozierte, zunächst zu Lysias gewandt, dass der unermüdliche Epirote am zweckmäßigsten Stellungen zu wählen und Posten zu verteilen gewusst habe und überhaupt erst gelehrt habe, Lager abzustecken. Dann ergänzte er, zu Aelius gewandt, dass Pyrrhos die Fähigkeit gehabt habe, die Menschen für sich zu gewinnen, so dass die italischen Völkerschaften lieber wollten, dass die Herrschaft in der Hand eines auswärtigen Königs wäre als in der des römischen Volkes. Jetzt fuhr Villius auf: Dann gebühre dem Scipio der dritte Platz, denn ihm sei zu danken, dass die italischen Völkerschaften nicht unter die Herrschaft der Punier geraten seien. Sofort klatschte Aelius Beifall, doch Menippos bat Hannibal, nun auch noch den dritten Listenplatz der weltbesten Feldherrn zu vergeben, natürlich in der Hoffnung, dass jetzt, und sei es nur aus Höflichkeit, der Name des Königs Antiochos fallen würde.

Es wurde ganz still im Raum, man schaute den Karthager, der als Sieger von Cannae auch in Kleinasien berühmt war, erwartungsvoll an. Hannibal sagte ganz ruhig: Der dritte Platz komme ihm selbst zu. Der Einzige, der jetzt freudig klatschte, war der Prinz Alexander, ein erst sechzehnjähriger junger Mann. Aelius wollte aufspringen, doch hielt ihn Thoas fest: Was Hannibal denn sagen würde, wenn er auch den Scipio besiegt hätte bei Zama? Der antwortete mit derselben Ruhe, dass er in dem Fall wohl den Spitzenplatz verdient hätte. Die beiden Römer wussten nicht so recht, ob sie das nun als Kompliment für Scipio auffassen sollten, die anderen Gäste fanden das kleine Spiel aber ganz amüsant und selbst die seleukidischen Höflinge Menippos und Lysias nahmen es nicht übel, dass ihr König, der alexandergleiche Wiedereroberer Indiens, unplatziert blieb.

Es wurde ein weiterer Gang mit köstlichen und kostbaren Fischen aufgetragen, so dass die Stimmung sich wieder beruhigte. Schon bald jedoch entzündete sich auf der Kline des Aelius eine neue Diskussion. Der Römer bedrängte den Ätoler Thoas hartnäckig, doch zu erzählen, worum es bei seinem Gesandtschaftsauftrag am seleukidischen Hof ginge, doch dieser, schon sehr gereizt, schwieg eisern. Dann kam das Gespräch auf Publius Sulpicius Galba, den eigentlichen Leiter der römischen Delegation. Der auch in der hellenistischen Staatenwelt bekannte Konsular, der als Verbündeter der Ätoler in beiden Kriegen gegen Philipp V. von Makedonien eine führende Rolle gespielt hatte, war nicht mit den beiden anderen Senatoren nach Ephesos gekommen, sondern in Pergamon zurückgeblieben, dem ersten Reiseziel der römischen Gesandten – angeblich krank. Da jedoch Aelius weder Diagnose noch Symptome benennen konnte, äußerte Thoas mit beleidigendem Sarkasmus, er sei wohl von König Eumenes II. mit dem pergamenischen Kampffieber infiziert worden; man kenne die Taktik, einen missliebigen Nachbarn durch gehässige Verdächtigungen bei den Römern anzuschwärzen, von Attalos I., dem Vater des Eumenes. Der habe den zweiten Krieg gegen Philipp von Makedonien zu verantworten. Bevor noch Lysias, der bei dem unschönen Gespräch seiner Speisegenossen ganz unruhig geworden war, ein anderes Thema aufbringen konnte, sprang Publius Aelius plötzlich von der Kline, deutete auf Hannibal und schrie, dass man Eumenes von Pergamon nur dankbar sein könne für seine warnenden Freundesdienste; man sei in der Tat nach Ephesos gekommen, um sich von der Richtigkeit der Behauptung zu überzeugen, dass hier Hannibal, der ewige Widersacher Roms, sein Unwesen treibe und neue Kriegspläne schmiede zur Invasion Italiens von Osten her, um Rom auszulöschen.

In das betretene Schweigen ließ sich Villius vernehmen, Hannibals Umtriebe seien doch nicht der Rede wert, sie seien weder neu noch unerwartet, auch sei man nicht zu Antiochos gekommen, um sich mit einem Flüchtling aus Karthago zu beschäftigen. Allerdings, wenn es hier so üblich sei, dass Kriegsverbrecher frei herumgingen und zu Gastmählern eingeladen würden, dann wäre es durchaus interessant, den Mann näher kennenzulernen, der nicht nur seine Feinde, sondern auch seine Freunde und sogar seine Landsleute zur Verzweiflung zu treiben pflege. Die eben noch fröhlich plaudernde und dem guten Chioswein zusprechende Runde erstarrte; selbst Aelius stand da wie angewurzelt, den goldenen Weinbecher mit beiden Händen vor dem Bauch haltend. Mit gespielter Lässigkeit suchte Hannibal die Situation zu retten und entgegnete freundlich, dass er sie beide am nächsten Abend zum Gastmahl in sein Haus einlade; er fügte eine entsprechende Einladung an alle anderen Anwesenden hinzu, doch spürte er im selben Moment, dass er besser ganz geschwiegen hätte. Einige der Gäste des Menippos entschuldigten sich umgehend für den nächsten Abend, andere zögerten mit einer Zusage.

In Hannibals Quartier herrschte am nächsten Vormittag schon rege Betriebsamkeit, denn der Hausherr gab mit demonstrativ zur Schau getragenem Optimismus für den kommenden Abend die nötigen Anordnungen, um seinen Gästen, wer auch immer kommen würde, ein harmonisches und gelungenes Gastmahl zu bieten. Das geräumige Haus am Stadtrand, das dank des erfahrenen und verschwiegenen Personals für Empfänge jeder Art sehr geeignet war, gehörte einem Freund seines Freundes Simon, dem Bankier Theodoros aus Kyrene, dessen Familie seit vielen Generationen an der westkleinasiatischen Küste Niederlassungen betrieb und in mehreren Städten, darunter auch Ephesos, das für Nichtbürger seltene Privileg erhalten hatte, Grundeigentum und Häuser zu erwerben. Während Hannibal noch überlegte, ob er am Vormittag auf seinen üblichen Spaziergang zum Hafen und zum Artemistempel verzichten solle, wurde gemeldet, dass ein Bote des Menippos mit einem Körbchen Maulbeeren eine kleine versiegelte Papyrusrolle für ihn abgegeben hatte.

Nicht nur Hannibal hatte eine gedankenschwere Nacht verbracht; auch Menippos und Lysias waren tief beunruhigt – was war zu tun? Sie überlegten bis in den frühen Morgen, was man dem König in der aktuellen Lage für die anstehenden Verhandlungen mit den Römern empfehlen sollte. Sie kamen zu dem Ergebnis, die Senatoren möglichst bald zu Antiochos zu geleiten, am besten in das pisidische Städtchen Apameia. Gleich am nächsten Tag würden sie die in der Residenz verbliebenen Mitglieder des Kronrates zu einer Krisensitzung zusammenrufen; es galt ein gemeinsames Schreiben an den König aufzusetzen, das die Anreise der Gesandten meldete und einen detaillierten Bericht über den Vorfall gab. Beide Funktionäre, die den Hoftitel ‹erster Königsfreund› trugen, waren sich darüber einig, dass ein

Freundschaftsvertrag mit Rom kaum mehr zustande kommen könnte und dass es nun darum gehen müsse, jegliche Schuld für das Scheitern der diplomatischen Bemühungen abzuweisen. Daher musste wohl die unrühmliche Rolle des Ätolers verschwiegen werden: Wie Lysias bereits wusste, wollte der bisher mit Pergamon und Rom verbündete griechische Bundesstaat jetzt dem König Antiochos die Waffenbrüderschaft anbieten und ihn einladen, gemeinsam die Hellenen in Griechenland vom römischen Joch zu befreien. Thoas war nur der Vorbote, sobald Antiochos einwilligte, würde eine hochrangige Delegation kommen und das Kampfbündnis im Detail abschließen. Wenn es gelang, diese Option zu realisieren, dann hatten die Seleukiden alle Trümpfe in der Hand, um ihren Herrschaftsanspruch in Thrakien zu verteidigen: Von der Adria her würden die Ätoler die römischen Invasionstruppen abfangen, Eumenes von Pergamon war ohne seine westlichen Verbündeten kein Machtfaktor, und Königs Prusias von Bithynien, der den Bosporos kontrollierte, würde sich ihnen anschließen. Es liefen bereits erste Verhandlungen mit ihm, denn seine Tochter war als Gattin für Antiochos' zweiten Sohn Seleukos in Aussicht genommen; und Seleukos sollte ja im europäischen Reichsteil in Lysimacheia residieren, wo nach der Eroberung der Stadt die Bauarbeiten bereits begonnen hatten. Vor allem konnte sich Antiochos als Befreier der Hellenen bewähren und den Römern, die sich in dieser Rolle seit einigen Jahren feiern ließen, die Maske vom Gesicht reißen.

In diesem Szenario, das man dem König für den Ernstfall eines unausweichlichen Krieges mit Rom vorstellen wollte, kam Hannibal nicht vor – und das war gut so. Er hatte bei früheren Diskussionen über militärische Optionen im Kronrat des

Königs ganz andere Vorstellungen über etwaige Kriegsziele geäußert: Nicht die Erzwingung der römischen Anerkennung des Status quo und die Verteidigung des Seleukidenreiches standen für ihn zur Debatte, sondern eine neue Weltordnung: Es sollte Rom drastisch auf eine Mittelmacht in Italien reduziert werden, damit sich die Tiberstadt nicht mehr in die Händel anderer Staaten einmischen konnte. Diese Denkweise befremdete Menippos und Lysias, die ja selbst in diplomatischer Mission in Rom gewesen waren und sich als Fachleute betrachteten. Ihrer Ansicht nach war Hannibal nicht nur in seinem vorgestrigen Feindbild befangen, sondern unfähig, aus seinen eigenen Fehlern zu lernen, ja schließlich sogar gänzlich unzurechnungsfähig: Er verkannte offenbar, dass er selbst, nicht etwa Rom, sein Vaterland Karthago mit seinen Strategien und Niederlagen zur Mittelmacht geschrumpft hatte! Was nützte der verblassende Glanz früherer sensationeller Erfolge, wenn sich die aktuellen Rahmenbedingungen so radikal von den damaligen unterschieden? Was nützte einem Antiochos, der nicht unverdient den stolzen Beinamen ‹Megas› (*der Große*) führte, ein mit Italien bestens vertrauter Feldherr, wenn es doch jetzt um den Hellespont und Thrakien ging? Das Problem mit Hannibal war freilich ein zweifaches: nicht nur der Karthager sah sich als bedeutsamen militärischen Ratgeber des Königs, auch Antiochos selbst war von ihm tief beeindruckt und legte größten Wert auf sein Urteil. Menippos erklärte sich bereit, dafür zu sorgen, dass im bald zu erwartenden Ernstfall einer römischen Kriegserklärung der Kriegsrat auf den Exilkarthager verzichtete.

Am frühen Morgen hatte er dann gleich den Brief an Hannibal geschrieben und ihn mit dem Maulbeerkörbchen überbringen lassen.

Der Adressat vermutete ganz richtig, dass der viel beschäftigte Königsfreund für den Abend absagte, doch hätte es dazu eines so langen Schriftstücks gebraucht? Hannibal setzte sich zur Lektüre unter den Schatten eines Granatbaumes – und blieb dort, vom Inhalt des Briefes wie vom Donner gerührt. In dürren Worten legte Menippos ihm dar, dass man ihm neuerdings misstraue und ihn geheimer Kontakte mit den römischen Gesandten verdächtige, deren Zweck in einer den Interessen des Königs unzuträglichen Kriegshetze läge. Unwidersprochen habe er die Behauptung gelassen, er berate Antiochos bereits über konkrete Angriffspläne auf Italien, und damit den Verhandlungsspielraum beschnitten, da jede Friedensbeteuerung den Senatoren als Lüge erscheinen müsse. Sollte aber ein Krieg mit Rom bevorstehen, habe man keine Sicherheit dafür, dass er seleukidischen Belangen den Vorrang einräume. Vielmehr läge ja auf der Hand, dass die Römer es darauf abgesehen hätten, ihn abzuwerben, um Antiochos seinen genialen Strategen zu nehmen. Man wisse zwar nicht, welche Angebote sie ihm gemacht hätten und noch machen würden, aber man würde seine Glaubwürdigkeit künftig kritisch bewerten. Daher empfehle er ihm als wohlwollender Freund, dem König endlich ein konkretes Konzept vorzulegen, wie eine Verteidigung gegen die drohende römische Aggression zu organisieren sei; zudem wäre es angezeigt, unzweideutig seine bedingungslose Feindschaft gegenüber den Römern darzulegen.

Den um Fassung Ringenden fand nach geraumer Zeit ein Diener, der einen Besucher meldete; Hannibal kehrte ins Haus zurück, wo ihn zu seiner Überraschung Herakleides erwartete. Der alte Mann aus Milet, der weit in der Welt herumgekommen war, zählte nicht direkt zu den Königsfreunden, doch sein jüngster Sohn gleichen Namens gehörte zur Entourage des Mitregenten Antiochos und war mit jenem unlängst nach Syrien und dann weiter nach Seleukeia am Tigris aufgebrochen. Da auch er am Gastmahl des Menippos teilgenommen hatte, vermutete Hannibal, dass es um das Thema seiner eigenen Reputation gehen würde. Herakleides wirkte bedrückt und redete nicht lange um sein Anliegen herum: Er hatte aus Antiocheia Nachrichten erhalten, nach denen der Mitregent Antiochos ernsthaft erkrankt war und seine Aufgabe, in den östlichen Provinzen die seleukidische Autorität zu präsentieren, zumindest vorerst nicht würde erfüllen können. Auf diesem Hintergrund interessierte ihn Hannibals Prognose über die weitere Entwicklung der seleukidisch-römischen Beziehungen, war er doch besorgt, ob ein neuer Krieg im ägäischen Raum die labile Lage des Reiches vornehmlich in der Levante bedrohte. Er hatte tiefes Vertrauen zu Hannibal, dem besten Kenner der römischen Mentalität, und war zudem überzeugt, dass der berühmte Flüchtling aus Karthago ein nüchternes Urteil hatte.

Es wurde ein langes Gespräch, bei dem der Milesier erfuhr, dass die einzige Chance, den Frieden zumindest vorläufig zu erhalten, ein bedingungsloses Nachgeben des Königs war. Hannibal plädierte keineswegs für eine Konfrontationspolitik, doch blieb er für den Fall, dass es keinen Freundschaftsvertrag gab, bei seiner bereits am seleukidischen Hof bekannten Meinung, den römischen Stier kompromisslos bei den Hörnern zu packen und ihn im eigenen Land zu bekriegen. Er wusste, dass man ihm deswegen

Unbelehrbarkeit vorhielt, auch machte er keinen Hehl aus dem hohen Risiko, das diese Strategie barg. Den Verweis auf das Scheitern eben dieser Strategie in dem langen Krieg Karthagos gegen Rom ließ er nicht gelten: Es habe seinem Vaterland an Ressourcen gefehlt, auch hätte Rom eine effizientere Bündnispolitik betrieben als er. Es sei fatal gewesen, dass niemand den Makedonenkönig Philipp unterstützt habe, der als sein Bundesgenosse von den Römern durch die Ätoler attackiert worden sei und ihm daher nicht habe helfen können, die notwendige Logistik über die Adria zu organisieren. Selbst Antiochos habe es ja versäumt, wenigstens im zweiten Krieg Roms gegen Philipp diesem zu Hilfe zu kommen. Wenn die Großmächte zusammenstehen würden, seien militärische Siege über Rom auch in einen politischen Erfolg umzusetzen.

Herakleides schwieg eine Weile, bevor er ein weiteres Thema ansprach, nämlich die Gerüchte um die unsichere Loyalität Hannibals. Der reagierte zunächst abweisend, dann aber fragte er seinerseits den Bürger einer großen Stadt, wie es zu erklären sei, dass einem staatenlosen Flüchtling wie ihm, einem aus der Vaterstadt Ausgebürgertem, so viel Misstrauen entgegengebracht würde. Der Milesier schwieg erneut. Hannibal gab sich selbst die Antwort: In früheren Zeiten war es ja gang und gäbe, dass politische Flüchtlinge mithilfe einer dritten Macht ihre Rückkehr in die Heimat betrieben; auch glückte es in vielen Fällen, nämlich durch den Machtwechsel in der jeweiligen Polis, nicht selten den gewaltsamen Sturz des gegnerischen Regimes. In den griechischen Stadtstaaten einschließlich derjenigen in Unteritalien und Sizilien, ging dieses Hin und Her auch weiter, als sich die Vertriebenen um Hilfe an großmächtige Könige wandten; so sei mal eine Tyrannis gestürzt, mal eine Demokratie beseitigt, auch einmal eine Oligarchie ausgehebelt worden. Im Wissen um diese historischen Vorgänge würden nun einige Leute an Antiochos' Hof glauben, in gleicher Weise erwarte Hannibal, dass der König die Karthager dazu bringe, ihn wieder aufzunehmen.

Dies bedeute aber, die Rechnung ohne den Wirt gemacht zu haben, denn seine Ausbürgerung sei nicht das Ergebnis eines ganz normalen Parteienkampfes gewesen, sondern Rom habe sich zugunsten seiner – Hannibals – innenpolitischen Gegner eingemischt. Daher würde auch über seine etwaige Rehabilitierung in Rom entschieden, nicht in Ephesos, Antiocheia oder sonst wo.

Herakleides nickte: Eben dies erkläre doch das Misstrauen ihm gegenüber – weil es Antiochos nicht erreichen könne, ihn in die Heimat zurückzubringen, würde man damit rechnen, dass er es nun mit einer ‹Begnadigung› in Rom versuchte. Hannibal war verblüfft; dann brauste er auf und beruhigte sich nur mühsam, denn er fühlte sich in seiner ganzen Persönlichkeit verkannt. Man glaubte also, ausgerechnet er würde die Römer darum bitten, sich in Karthago für ihn einzusetzen? Oder darum, das herkömmliche Regime weniger einflussreicher Familien gegen eine ‹Volksfront› auszuwechseln? Man hielt es für denkbar, dass – selbst wenn die Römer indolent wären – er, der Sohn des Hamilkar Barkas, sich aufs Altenteil schieben ließe, um wieder in Karthagos Straßen spazieren zu gehen? Schließlich fragte er seinen Gesprächspartner, was denn wohl auf einem solchen Hintergrund den König Antiochos bewogen habe, ihm, dem politisch toten Mann aus Karthago, sein Wohlwollen, seine Freundschaft zu gewähren, ja anzubieten?

Der Milesier war um die Antwort nicht verlegen: Erstens sei Hannibal als einer der besten Kenner der Verhältnisse im Westen, vornehmlich des römischen Militärwesens, zum rechten Zeitpunkt am seleukidischen Hof eingetroffen, da die Spannungen mit Rom seit nunmehr drei Jahren andauerten, so dass sich der König glücklich schätze, ihn als Berater in seiner Nähe zu haben. Zweitens sei es für jeden Staatsmann, der Tapferkeit und strategisches Genie bewundere, eine Ehre, einen so ruhmreichen Sieger wie den Karthager zum Gastfreund zu haben, besonders aber für Antiochos, der mehr als andere seinen eigenen Ehrgeiz in der Kriegskunst entfaltet habe. Und drittens dürfe man nicht unterschätzen, dass sich aus der doppelten Kompetenz eine abschreckende Wirkung auf jeden Gegner ergebe, wenn ein König, der als zweiter Alexander bis nach Indien gezogen und dort wie überall Sieg an Sieg gereiht habe, den anderen großen Feldherrn seiner Zeit an seiner Seite habe; sie beide seien gleichsam wie die Dioskuren ein unschlagbares Duo.

Hannibal lachte bitter auf: Diese Rechnung scheine ja nun nicht ganz aufzugehen, denn weder machten die Römer – ja nicht einmal der Pergamener Eumenes – Anstalten, sich von der einzigartigen Bündelung von Fähigkeiten entmutigen zu lassen, noch zeige Antiochos Bereitschaft, von ihm den Ratschlag anzunehmen, nämlich im Ernstfall nicht in Thrakien und Griechenland, sondern in Italien zu operieren. Herakleides' Miene verdunkelte sich wieder; er kannte niemanden, der ehrlich bereit war, einen Krieg gegen Rom in unbekannter Ferne zu führen, gleichzeitig hätte er viele Königsfreunde benennen können, die sich einen Feldzug gegen die Römer als Spaziergang in Thrakien und notfalls in Griechenland vorstellten. Diese Leute hatten aber eine Verwendung für Hannibal. Sie wollten ihn nach Karthago schicken, möglichst mit einer stattlichen Flotte, um durch die dann zu neuer Widerstandskraft gegen Rom erweckte afrikanische Stadt eine zweite Front aufzuziehen. Was meinte Hannibal denn dazu? Wieder erklang dessen bitteres Lachen, dazu stellte der Exilkarthager klar, dass es eine freche Unterstellung sei zu behaupten, er habe bereits einen Agent Provokateur in die alte Heimat geschickt, den Tyrier Ariston, um den Umsturz mithilfe früherer Parteifreunde vorzubereiten. Diejenigen seiner Landsleute, die den Mann gefangen genommen, verhört und dann wieder laufen ließen, sicherheitshalber aber den ‹Vorfall› nach Rom gemeldet hatten, litten unter Verfolgungswahn. Zumindest glaubten sie allen Ernstes, am Tiber mit derartigen Sensationen bei den Senatoren Wohlwollen ernten zu können, etwa in diesen unerquicklichen Streitigkeiten mit dem Romfreund Massinissa, dem numidischen Kriegsgewinnler, der keine Gelegenheit ausließ, dem karthagischen Reich weiteres Territorium abzujagen. Sehr ernst fügte Hannibal hinzu, dass wer immer zu wissen vorgebe, dass er dem König vorgeschlagen habe, ihn selbst mit 100 Kriegsschiffen, 10 000 Mann zu Fuß und 1000 zu Pferd nach Karthago zu schicken, um die alte Rivalin Roms zu revitalisieren, lüge und ihn, den Sohn des Hamilkar Barkas, verleumden wolle.

Hannibal, Sohn des Hamilkar Barkas
247–229 v. Chr.

Als sich Herakleides verabschiedete, stand die Sonne bereits im Zenit und die Tageshitze drang bis in die Innenräume vor. Hannibal las nochmals Menippos' unsäglichen Brief durch, ließ sich dann Schreibzeug bringen und verfasste seine Antwort, adressiert direkt an den König Antiochos Megas:

«Hannibal grüßt den König Antiochos. Einige deiner Leute scheinen sich durch Anschuldigungen gegen mich profilieren zu wollen. Mache ihnen klar, dass sie besser beraten wären, wenn sie auf plumpe Verleumdungen verzichteten. Die Wahrheit ist: Ich hasse die Römer und sie hassen mich. Dafür sind mein Vater Hamilkar und die Götter Zeugen. Mein Vater hat mich als ganz kleinen Jungen, als er ein Opfer darbrachte, an den Altar geführt und von mir den Eid gefordert, dass ich niemals ein Freund des römischen Volkes sein würde. Unter diesem Eid habe ich 36 Jahre auf Feldzügen verbracht. Dieser Eid hat mich im Frieden aus meiner Vaterstadt vertrieben. Dieser Eid hat mich an deinen Königshof geführt. Getreu diesem Eid werde ich auf dem ganzen Erdkreis nach Menschen suchen, die Feinde der Römer sind. Sei den Göttern deiner Vorfahren anbefohlen, Hannibal.»

Er versiegelte das Schriftstück doppelt und ließ es von einem vertrauenswürdigen Bediensteten bei der Hofkanzlei übergeben. An Menippos schickte er einen kurzen Dank für den gestrigen Abend, die Maulbeeren und den freimütigen Beweis seiner Sorge um das Wohl seines Königs sowie für den wohlmeinenden Rat, den er umgehend befolgt habe.

Als Mittagsimbiss nahm Hannibal nur einige Oliven, Essigzwiebeln und ein Stück Sesambrot zu sich, anschließend zwang er sich trotz seiner inneren Unruhe zu einem kurzen Schlaf, um Energie für den weiteren Tag zu schöpfen.

Ölgemälde von Januarius Zick (Ende des 18. Jahrhunderts):
Der Schwur des Hannibal

Seine Gedanken führten ihn in seine Kindheit zurück und zu seinem Vater. Ihm träumte, im ephesischen Haus träte Hamilkar Barkas auf ihn zu und tadele ihn für das Schreiben an Antiochos: Im Prinzip habe er zwar recht, doch seien die 36 Jahre ‹im Felde› schamlos übertrieben, 25 Jahre wäre ehrlicher gewesen. Als er, der Vater, von der karthagischen Regierung nach Iberien geschickt worden sei und seine Familie mitgenommen habe, da sei sein ältester Sohn Hannibal erst neun Jahre alt gewesen – und Kindersoldaten hätte es in Karthago bisher nicht gegeben. Solange er selbst das Oberkommando geführt habe im südlichen Iberien, bis zu seinem Tod acht Jahre später, habe er auch keinen Kampfeinsatz des Heranwachsenden genehmigt, wenngleich er ihn auf die Feldzüge mitgenommen habe, um ihn zu lehren, was ein guter Feldherr wissen muss.

Und was nun diesen Eid selbst angehe, da erinnere er, der Vater, sich allerdings doch auch etwas anders: Es sei in der Tat eine Schwurzeremonie am großen Tempel auf der Akropolis von Karthago gewesen, und Hannibal sei ebenso wie seine Geschwister dabei gewesen, denn es sei das jährliche Fest zu Ehren des Gottes Eschmun gefeiert worden, an dem alle Bürger der Stadt mit ihren Familien teilnehmen durften. Er habe damals einen Stier geopfert als Erfüllung eines Gelöbnisses, und er habe dabei die Gelegenheit ergriffen, der gesamten Bürgerschaft seine Loyalität zu demonstrieren, in der Tat mit der Schwurformel, niemals ein Freund des römischen Volkes zu werden.

Damals sei die Entscheidung des Stadtrates, einen Feldherrn mit der Gewinnung einer neuen Provinz in Iberien zu beauftragen, heftig umstritten gewesen. Manche prominenten Mitbürger hätten ihn persönlich für diese Aufgabe ungeeignet gehalten und vermutet, er wolle sich einen unabhängigen Machtbereich schaffen. Andere, gerade die Anhänger seiner volksnahen Politik, hätten befürchtet, die Aktivitäten in Iberien würden zu ganz neuen Prioritäten führen: Sie würden ablenken von einem Revanchekrieg zur Wiedergewinnung der an Rom verlorenen Inseln Sizilien und Sardinien. Daher habe er ihnen allen versichert, dass er, Hamilkar Barkas, unerschütterlich im Dienst seiner Vaterstadt Karthago stehe und sich nun der Aufgabe widmen müsse, diejenigen neuen Ressourcen zu erschließen, die ihnen dazu verhelfen könnten, im nächsten Krieg gegen die Römer die Oberhand zu behalten und wieder den gesamten westlichen Mittelmeerraum der eigenen Herrschaft zu unterstellen.

Diesen Eid habe er also geschworen, und er habe, das erinnere er auch, seinen ältesten Sohn an seiner Seite gehabt, weil der Knabe ihn darum angebettelt habe. Wenn nun Hannibal sich mit dem väterlichen Eid seither identifiziert habe, so ehre das den Sohn und erfülle ihn als Vater mit großen Stolz. Dass er den Schwur seinem Knaben abverlangt habe, sei aber nicht wahr – er wäre gar nicht auf den Gedanken gekommen, dass einer seiner Söhne sich jemals mit der karthagischen Niederlage gegen Rom abfinden würde! Dass sich eines Tages die Karthager mit der Dominanz Roms im ehemaligen eigenen Reich arrangieren würden, habe er sich nie vorstellen können und wollte es auch jetzt nicht glauben.

Hannibal erwachte; Eid hin oder her, er war seit fast einem halben Jahrhundert diesem Gedanken, dieser Vision eines wieder mächtigen Karthago verpflichtet! Seit er sich erinnern konnte, hasste er die Römer: Zunächst weil sie ihm für viele Jahre den Vater an die Front in Sizilien entführt hatten, damals im ersten Krieg zwischen beiden Mächten, der um die große und strategisch entscheidende Insel ging. Als Hamilkar Barkas nach Kriegsende zurückkehrte, war er nicht mehr der fröhliche Vater, von dem die Mutter immer erzählt hatte, sondern ein verbitterter Mann, der trotz militärischer Überlegenheit gezwungen worden war, den römischen Diktatfrieden auszuhandeln. Und warum? Weil die letzte karthagische Flotte von dem damaligen römischen Feldherrn in Westsizilien, der – wie übrigens die meisten Römer – mehr Glück als Verstand hatte, bei einem hinterhältigen Angriff versenkt worden war und in Karthago der dumme Hanno verhinderte, dass eine neue Flotte beschafft wurde! Man hätte, wie Hannibal immer wieder von seinem Vater gehört hatte, damals wenigstens nicht vom ersten Friedensvertragsentwurf abweichen dürfen, von jenem Papier, das Hamilkar Barkas mit C. Lutatius Catulus ausgehandelt hatte, das dann aber von der römischen Volksversammlung abgelehnt worden war. Zweck der Übung war doch nur gewesen, die Karthager noch weiter zu demütigen, ihnen auch noch die Inseln zwischen Sizilien und Italien abzunehmen und sie mit zusätzlichen 1000 Talenten Silber zur Kasse zu bitten. Damals hätten die Karthager ihre Zustimmung verweigern sollen – wie viele Schiffe hätte man mit 1000 Talenten bauen können!

Aber das Gerede von Hanno hatte sich durchgesetzt: der Staat sei nahezu pleite, jede weitere Investition bedeute den sicheren Ruin. Schlimmer noch, es machte die Runde bei den Söldnern und libyschen Soldaten, die bei Kriegsende demobilisiert wurden, so dass sie um ihre Entlohnung bangten sowie um die Bezahlung ihrer Auslagen für Lebensunterhalt, Pferde und deren Futter. Weitsichtig hatte Hamilkar noch in Lilybaion, der einstigen Zentrale der westsizilischen Provinz, sein Kommando niedergelegt. Dass unter den Söldnern, die in dieser Situation Stimmung gegen Karthago machten, neben einem großmäuligen Libyer namens Matho auch ein geflohener römischer Sklave war, der fatale Spendius, mochte Zufall gewesen sein, aber sooft Hannibal von ihm erzählen hörte, vertiefte sich sein kindlicher Hass auf die Römer.

Man musste der damaligen karthagischen Regierung zugute halten, dass sie die Weiterungen nicht hatte vorhersehen können, nämlich den Krieg der Truppen gegen ihren Dienstherrn, den so genannten Söldnerkrieg, der dann drei Jahre lang tobte. Aus der Perspektive des siebenjährigen Hannibal, dessen Vater erneut ins Feld gerufen wurde, waren die Schuldigen nun neben den Römern der ‹dumme Hanno›, wie er im Kreis der Freunde Hamilkars genannt wurde, denn er ließ nicht nur die Eskalation der Krise zu, sondern hatte sich bei den Libyern durch frühere Gewaltmaßnahmen so verhasst gemacht, dass dem Stadtstaat Karthago sein gesamtes libysches Untertanengebiet wegzubrechen drohte. Daher sprach man wohl besser auch vom Libyschen Krieg, nicht vom Söldnerkrieg. Dass der Aufstand sogar nach Sardinien übergriff, war allerdings damals den meisten ein Rätsel, hatte doch niemand eine Erklärung, was die Sarden bewogen haben mochte, die moderate karthagische Herrschaft auf ihrer Insel abzuwerfen.

Hamilkar Barkas wurde nach der militärischen Niederschlagung des bedrohlichen Aufstandes wenigstens auf dem afrikanischen Festland als Volksheld gefeiert. Doch auch darunter litt Hannibal, der dem Vater am liebsten gar nicht von der Seite wich, voller Furcht davor, dass der Stadtrat den erfolgreichen Feldherrn nun nach Übersee schickte, um Sardinien zu befrieden. Dazu kam es dann zwar nicht, aber es wäre für die weitere karthagische Geschichte besser gewesen, es wäre so gekommen. Stattdessen ging Sardinien verloren, nicht an die Sarden, sondern an die Römer. Hannibal erinnerte sich lebhaft an jenen Tag, als die Karthager das Fest der Göttin Tanit mit zusätzlichen Dankopfern begehen wollten und die ganze Stadt auf den Beinen war; plötzlich liefen in den Hafen zehn römische Kriegsschiffe ein und die Ratsherren, zu denen auch Hamilkar Barkas gehörte, mussten sich umgehend im Rathaus einfinden. Dort empfing man die römische Delegation, die nichts Geringeres als eine Kriegserklärung vortrug. Wenn bis dahin Männer wie Hamilkar Barkas noch einen gewissen Respekt vor den Römern gehabt hatten, so war es jetzt damit vorbei: Noch während der Vorbereitungen, auch auf Sardinien den Aufstand der Söldner und der eingeborenen Untertanen zu beenden, präsentierten die Römer, die jegliche militärische Aktivität außerhalb Afrikas gegen sich gerichtet empfanden, nicht etwa erst ein Ultimatum, sondern gleich den Friedensvorschlag: Abtretung Sardiniens, Zahlung von 1200 Talenten Silber. Dieser schamlosen Erpressung musste sich die karthagische Regierung beugen, denn für einen Waffengang mit Rom war jetzt tatsächlich kein einziger Schekel mehr in der Staatskasse.

All dies, so hatte Hannibal seinen Vater oftmals klagen gehört, hätte man sich erspart, wenn man im Jahr des Flottenuntergangs bei den Ägatischen Inseln entweder gar nicht erst Friedensverhandlungen begonnen oder wenn man lediglich das mit Lutatius ausgehandelte Abkommen akzeptiert hätte. Wäre nicht Hanno mit seinem ängstlichen Geiz dazwischen gekommen, hätte man den Krieg um Sizilien eben weitergeführt – bis zum Sieg. Es hätte wohl zu weiteren schweren Opfern, aber weder – wie im Libyschen Krieg – den Staat an den Rand seiner Existenz noch zum

Verlust Sardiniens geführt. Wenn Hannibal auch wusste, dass diese Einschätzung der Lage 22 Jahre nach Beginn jenes ersten punischen Krieges nur von wenigen geteilt wurde, so zweifelte er nie an ihrer Richtigkeit. Ihn prägte daher seit seiner frühen Jugend das Urteil seines Vaters, dass der erste Krieg gegen Rom mit noch mehr Ausdauer zu gewinnen gewesen wäre.

Während sich Hannibal noch den Erinnerungen an seinen Vater hingab, hörte er Pferdewiehern vor dem Haus und bald darauf eine bekannte Stimme, die laut seinen Namen rief. Wenig später wurde von seinem Bediensteten als Besucher der Satrap Artaxias gemeldet, mit dem er Freundschaft geschlossen hatte. Kennengelernt hatte er ihn bereits in Antiocheia kurz nach seiner eigenen Flucht aus Karthago; dorthin war der Cousin der selbst aus dem pontischen Königshaus stammenden Königin Laodike angereist; anlässlich der Krönung des jüngeren Antiochos zum Mitregenten sowie dessen gleichzeitiger Hochzeit mit seiner ebenfalls Laodike genannten Schwester, die gemäß der pontischer Tradition der Geschwisterehe gefeiert wurde. Seit einigen Monaten hielt sich Artaxias am Hof des Königs in Ephesos auf und teilte mit Hannibal die für damalige Verhältnisse ungewöhnliche Leidenschaft, im Meer zu baden. So kam er auch jetzt am Nachmittag mit seinem Rappen und einem Beipferd vorbei, um den Karthager zu einem spontanen Ausritt an den Strand abzuholen. Hannibal suchte nach einem Vorwand, dankend abzulehnen, denn er fühlte sich nicht in der rechten Stimmung für eine solche Lustbarkeit, doch Artaxias überraschte ihn mit der Neuigkeit, dass er bereits übermorgen abreisen müsse und dass es daher die letzte Chance zu einem kleinen gemeinsamen Badevergnügen sei.

Sie ritten zu dem breiten Sandstrand hinunter, der sich nur wenige Meilen von der Stadt entfernt südlich der Mündung des Flusses Kaystros erstreckte. Dort konnten sich die beiden Männer ungestört unterhalten, wobei das erste Thema die unerwartete Abreise des Armeniers war. Er sollte die römischen Gesandten nach Apameia begleiten, wo ein Treffen mit König Antiochos stattfinden konnte. Lysias, der auch mit von der Partie war, würde dann mit Villius und Aelius in Pisidien bleiben, während sich Artaxias vom Hafen der Stadt Side aus möglichst schnell nach Syrien einschiffen wollte. Hannibal hatte bereits am Vormittag durch Herakleides von der Erkrankung des Mitregenten Antiochos gehört und schloss aus der Besorgtheit des Freundes, dass es wohl ernst um den jungen Herrscher stehen musste.

Das Meerwasser war angenehm warm, zumal am seichten Ufer; während sein Sportsfreund etwas vorsichtig in Strandesnähe blieb, wagte sich der Karthager gern weiter hinaus. Dass er schwimmen gelernt hatte, verdankte er auch seinem Vater und nicht etwa seiner punischen Herkunft, wie Artaxias zum wiederholten Mal vermutete. Hannibal amüsierte sich über die naive Vorstellung, jeder Angehörige eines seebeherrschenden Volkes könnte sich ‹artgerecht› im Wasser bewegen, wurde dann aber wieder ernst. Er erzählte, dass er das richtige und ausdauernde Schwimmen ernsthaft trainiert habe, nachdem sein Vater ertrunken war. Damals hatte er selbst als Zwölfjähriger – wie auch sein vier Jahre jüngerer Bruder Hasdrubal – den Vater bei einem monatelangen Feldzug ins Gebiet der Orisser begleiten dürfen. Bis in den späten Herbst hinein wurde schließlich von den Karthagern die Stadt Helike belagert, und eigentlich hatte man längst ins Winterquartier zurückkehren müssen, wohin Hamilkar Barkas auch bereits den Großteil seines Heeres geschickt hatte. Doch wollte der Feldherr nicht durch verfrühten Abzug die täglich erwartete Kapitulation der Belagerten verschenken. So harrte er gegen jede Vernunft aus, obgleich er sich gerade um die beiden Jungen Sorgen machte und wusste, dass seine Gattin, die mit dem jüngsten Sohn Mago in Gades lebte, sich mehr um die Kinder als um ihn ängstigte. Eine unerwartete und perfide Attacke eines keltiberischen Stammeshäuptlings mit einer verwegenen Schar beendete dann das Unternehmen blutig. Als die Karthager fliehen mussten, war Hamilkar geistesgegenwärtig genug, seine Söhne unter der Obhut eines zuverlässigen Offiziers auf einem anderen Weg in Sicherheit bringen zu lassen, als er ihn dann selbst mit den verbliebenen Truppen einschlug. Verfolgt von den Angreifern stürzte er mit seinem Pferd in den vom Winterregen Hochwasser führenden Fluss und ertrank. Wenn auch den Vater in seiner damaligen Lage – mit seiner schweren Bewaffnung in einem reißenden Gewässer, dessen Ufer die Feinde kontrollierten – keine Schwimmkunst gerettet hätte, so hielt doch Hannibal diesen Tod seines Vaters sonstiger ruhmreicher Lebensleistung für so unwürdig, dass er sich vor einer ähnlichen Hilflosigkeit durch konsequenten Schwimmsport zu schützen suchte.

Mit dem Ende Hamilkars war gleichsam Hannibals Jugend beendet, fortan stand die hinterbliebene Familie unter der Vormundschaft und dem Schutz des Schwagers Hasdrubal, des Ehemanns seiner älteren Schwester. Die Mutter wäre wohl gern nach Karthago zurückgekehrt, doch wurde von der dortigen Regierung dem Wunsch der Truppen entsprochen, Hasdrubal zum Nachfolger seines Schwiegervaters zu ernennen. Somit blieben die Barkiden, wie die Sippe seither in Anlehnung an Hamilkars Beinamen (‹der Blitz›) genannt wurde, also in Iberien.

Artaxias hatte aufmerksam zugehört und begehrte mehr zu erfahren: Was für ein Land dieses Iberien denn eigentlich sei und warum es sich gelohnt habe, dort Eroberungsfeldzüge zu führen? Hannibal schaute zum Himmel und zur schon tiefer stehenden Sonne; wenn er auf diese Fragen angemessen antworten wollte, dann müsste er bis zum nächsten Morgen erzählen – und derweil würden die geladenen Gäste auf den Hausherrn warten. So kramte er aus seinem Geldbeutel eine Silbermünze hervor, reichte sie dem Freund und sagte, dies sei ein Doppelschekel, geprägt im barkidischen Iberien, und zwar in Neukarthago. Artaxias verstand den impliziten Hinweis auf den Silberreichtum iberischer Bergregionen, denn schon in der Elementarschule lernte man aus dem Geschichtswerk Herodots, dass das reiche Tartessos in Iberien jenseits der Säulen des Herakles gelegen hatte. Interessiert betrachtete er die Münze noch etwas genauer und wunderte sich über den Kopf auf der Vorderseite, der einen mit Lorbeer bekränzten Mann im Profil und mit den Gesichtszügen Hannibals zeigte! Hannibal klärte ihn auf: abgebildet sei natürlich der punische Gott Melqart, der Herakles der Griechen, zu erkennen an der Keule, die hinter dem Kopf zu sehen war; aber ein bisschen habe Artaxias schon recht mit seiner Beobachtung, es seien nämlich die Stempelschneider angehalten worden, dem Gott eine Ähnlichkeit mit Hamilkar Barkas zu geben, wie man sich eben an ihn erinnerte. In seinem jetzigen Alter ähnelte nun auch er, der Sohn, immer mehr dem Vater.

Münze der Barkiden. Die Vorderseite zeigt den Kopf des Melqart, die Rückseite einen Elefanten

Der Armenier hatte noch eine letzte Frage nach der Stadt, wo die Münze, die ihm Hannibal als Erinnerungsstück schenkte, geprägt worden war: wo dieses Neukarthago liege und warum es so hieße. Hannibal beschrieb die geografische Lage der barkidischen ‹Residenzstadt›, die erst Hasdrubal gegründet hatte. Der Name Karthago, der bereits ‹neue Stadt› bedeutet, sei mit vollem Bedacht gewählt worden, um zu verdeutlichen, dass hier die punische Welt ein neues Zentrum erhalte; zur Unterscheidung vom alten Karthago würde man aber jetzt doch besser ‹Neu-Karthago› sagen. Artaxias war beeindruckt – da hatte sein Freund die Geburt einer Stadt erlebt! Hannibal korrigierte ihn: eigentlich sogar zweier Städte, denn bevor der Schwager Neukarthago anlegte, hatte schon der Vater etwas weiter nördlich an der Mittelmeerküste die Siedlung mit dem schönen Namen Akra Leuke, ‹am leuchtenden Felsen›, angelegt. Als Kind sei er allerdings viel lieber in Gades gewesen, einer alten, ehrwürdigen Stadt, die ihn mit der langgestreckten Uferzone auch mehr an Karthago erinnert habe. In diesen neuen

Städten mit den schmutzigen Baustellen und der hektischen Geschäftigkeit habe er sich nicht besonders wohl gefühlt, später allerdings doch große Bewunderung für die urbanistischen Planungen entwickelt. Vielleicht, so schloss er scherzend, könnte er mit all diesen Erfahrungen sich auch einmal als Stadtarchitekt versuchen, wenn er als Feldherr nicht mehr gebraucht würde! Dann kehrten die beiden Männer in heiterer Stimmung nach Ephesos zurück.

Von Erfolg zu Erfolg
228–216 v. Chr.

Etwas Geschichtsunterricht

Von den am Vorabend ganz spontan Eingeladenen kamen, wie schon vorauszusehen gewesen war, nicht alle zu Hannibals Abendessen, doch hatten einige ihrerseits einen weiteren Gast mitgebracht, so dass drei Speisesofas besetzt waren. Erstaunlicherweise ließen es sich Publius Villius und Publius Aelius nicht nehmen zu erscheinen. Als außerordentliche Ehre wurde es aufgefasst, dass als vornehmster Gast Prinz Alexander der Einladung Folge leistete; auch Lysias traf ein in Begleitung des Bürgermeisters von Ephesos, des gebildeten Artemon, der als Kunstmäzen von sich reden gemacht hatte. Von den Vertrauten Hannibals war der zuverlässige Simon zugegen, außerdem einer seiner Geschäftsfreunde, der Weinhändler Dionysios aus Rhodos. Der Milesier Herakleides ließ sich zwar entschuldigen, doch schickte er einen Gastfreund, der gerade auf der Durchreise bei ihm eingetroffen war, Agathokritos aus dem fernen Massilia, der selbst gute Kontakte nach Rom unterhielt und sich glücklich schätzte, sogar hier die Gesellschaft zweier Senatoren zu erleben. Auffällig war die glänzende Laune des Lysias, von der Hannibal vermutete, dass sie aus seiner Erleichterung darüber resultierte, in Bälde die römische Delegation nach Pisidien weiterzureichen beziehungsweise bei dieser Gelegenheit in eigener Person mit König Antiochos zusammenzukommen.

Als größte Überraschung des Abends erwiesen sich freilich Villius und Aelius, denn ganz im Gegensatz zu ihrer beim Gastmahl des Menippos gezeigten Dreistigkeit verhielten sie sich gesittet und zurückhaltend, so dass man sich fast fragen musste, ob es dieselben Herren waren, die jetzt der angeregten Unterhaltung in Würde folgten. Dabei nahm das Gespräch durchaus eine brisante Wendung, als Agathokritos den Rhodier zunächst ganz harmlos fragte, ob er seinen Wein auch in den westlichen Mittelmeerraum, etwa in die ehemaligen rhodischen Kolonien an der iberischen Küste, exportiere. Dionysios konnte nur auf die alten Handelsbeziehungen seiner Vorfahren verweisen und lebhaft bedauern, dass ‹der schreckliche Krieg› auch seine Geschäfte schwer beeinträchtigt hatte. Als Villius dazu einwarf, dass nach dem Bericht des Scipio im eroberten Neukarthago große Mengen rhodischen Weines konfisziert worden seien und folglich die Geschäfte so schlecht nicht gewesen sein dürften, konterte Hannibal, dass er im iberischen Sagunt seinerzeit rhodischen Wein vorgefunden und dessen Qualität schätzen gelernt habe. Lysias forderte nun den Karthager auf zu erzählen, wie es eigentlich zu seiner Eroberung jener Stadt gekommen war; dabei wandte er sich an Alexander mit der schulmeisterlichen Bemerkung, dass bekanntlich mit dem Fall Sagunts Hannibals Krieg gegen Rom begonnen habe. Zur allgemeinen Verblüffung schloss sich Aelius dieser Bitte ausdrücklich an und fügte hinzu, dass er vor allem endlich einmal von kompetenter Seite zu hören wünschte, was es mit dem Iber-Vertrag auf sich habe, über den in Rom neuerdings viel gemunkelt würde, von dem aber früher nie die Rede gewesen sei.

Hannibal überwand seine anfängliche Verlegenheit, ließ sich von seinem Diener eine Schatulle bringen und entnahm ihr fünf Silbermünzen desselben Typs, wie er ihn am Nachmittag seinem Freund Artaxias gezeigt und geschenkt hatte. Während die Exemplare herumgereicht wurden, begann er zu erzählen: zunächst von dem Gott Melqart und seinem berühmten Tempel in Gades, von den uralten phönizischen Siedlungen und Handelsplätzen jenseits der Säulen des Herakles und diesseits entlang der iberischen Ostküste. Er skizzierte auch die traditionellen Beziehungen der Karthager zur iberischen und keltiberischen Bevölkerung, die nicht zuletzt ein wertvolles Reservoir für Söldner gebildet hatte. Er versagte sich mit Blick auf die friedliche Stimmung der beiden Senatoren den Hinweis, dass inzwischen ja auch die Römer bei der weiträumigen Durchsetzung ihrer von den Karthagern erbeuteten Herrschaft in Iberien mit der Kampfeslust und Kampfeskraft jener Stämme ihre eigenen Erfahrungen machten. Dann berichtete er, wie sein Vater Hamilkar Barkas von der karthagischen Regierung nach Gades und Iberien geschickt worden sei, als Oberbefehlshaber mit einem Heer von 15 000 Mann nebst einigen Dutzend Elefanten – wobei Hannibal auf die Rückseite der Doppelschekel verwies, den ein Kriegselefant zierte.

Seine Aufgabe sei es gewesen, nach dem Verlust von Sizilien und Sardinien infolge der Niederlagen gegen Rom einen Ersatz zu schaffen für die bisher von und in jenen überseeischen Herrschaftsgebieten erwirtschafteten Staatseinkünften, denn man habe ja auch in einem Zeitraum von zehn Jahren, gerechnet seit dem Vertrag mit Lutatius, 4400 Talente Silber an Reparationen an die Römer zahlen müssen. Er zeigte auf Dionysios, der gedankenverloren einen

Doppelschekel zwischen Daumen, Zeige- und Mittelfinger drehte, und fragte: Wie viel ist denn das? Wie viele Münzen von dieser Art da sind das gewesen, täglich, über zehn Jahre hinweg? Der Angesprochene zuckte zusammen und ließ, als Hannibal mit erhobener Stimme skandierte: ‹Zweitausend-und-fünfhundert! Jeden Tag! Zehn Jahre lang!›, die Münze fallen. Sie rollte über den Boden unter die Kline, auf der Villius ein betroffenes Gesicht machte, während Aelius halb scherzhaft, halb verlegen zu dem Rhodier sagte, dass er dies jetzt nicht in Schiffsladungen Wein umzurechnen bräuchte.

Hannibal fuhr fort: Nun sei wohl klar, was die Karthager dazu getrieben habe, das Land auszubeuten. Um den erbitterten Widerstand der einheimischen Bevölkerung militärisch zu brechen, hätten sein Vater, sein Schwager Hasdrubal und dann, als dritter Stratege für Iberien, er selbst bis weit ins Binnenland hinein immer wieder Feldzüge unternehmen müssen – gegen Orisser, Vakkäer, Karpetaner, Olkaden,Turditaner und so weiter. Schließlich sei Sagunt an der Reihe gewesen, doch das hätte sich rechtzeitig hinter einen potenten Verbündeten gesteckt, eben die Römer, denen ja kein Hilfesuchender zu fern, kein Schutzflehender zu unwürdig gewesen wäre. Wenn es nach ihm gegangen wäre – hier fixierte Hannibal für einen Moment den Massilioten Agathokritos, der alt genug war um sich zu erinnern, dass seine Vaterstadt die Verbindung der Saguntiner mit Rom vermittelt und die Iberer darin bestärkt hatten, sich um jeden Preis gegen die Karthager zu verteidigen –, dann hätte man mit Sagunt auch ohne eine achtmonatige Belagerung einen Kompromiss finden können. Das also ist, so schloss er mit einer knappen Geste zu Lysias hinüber, die Geschichte vom Untergang Sagunts gewesen.

Alexander, der gebannt zugehört hatte, rief dem einstigen Sieger zu, er möge doch bitte noch den Wunsch des Publius Aelius erfüllen und von jenem Vertrag berichten. Hannibal sprach jetzt eher leise: Aelius habe schon ganz richtig gesagt, dass nicht einmal die Römer wirklich Genaues wüssten. Soweit er gehört habe, würde sich der Konsular Quintus Fabius Pictor derzeit bemühen, ein Geschichtswerk über den Krieg zu verfassen, was vielleicht erkläre, dass man jetzt in Rom plötzlich einen Vertrag kenne, den die Karthager gebrochen haben sollten, eben frei nach dem Motto ‹Hast du keinen, mach dir einen›. Villius unterbrach ihn unwirsch: Das habe ja schon der schriftstellernde Karthagerfreund Philinos aus Akragas so gemacht, einfach behauptet, es habe da einen Vertrag gegeben, nach dem die Römer sich nicht hätten in Sizilien zugunsten ihrer mamertinischen Verwandten und Schützlinge einmischen dürfen. Und die Karthager nicht in Unteritalien, erwiderte Hannibal schlagfertig, etwa zur Unterstützung einer Griechenstadt wie Tarent! Aber damals, noch vor dem ersten Krieg der beiden Staaten, habe man sich beiderseits der vereinbarten Grenzlinie gleichsam Auge in Auge gegenübergestanden, die Karthager in Messana, die Römer in Rhegion, das habe auch Sinn gemacht – wieder unterbrach ihn Villius: der Vertrag, von dem Philinos faselte, sei ja viel älter als die römische Eroberung Unteritaliens bis nach Rhegion. Nun mischte sich Aelius ein: Man möge sich nicht über so alte Geschichten zanken, die niemand der Anwesenden irgendwie selbst miterlebt habe. Hannibal solle vom Iber-Vertrag sagen, was er wisse, denn wenn das Abkommen, wie in Rom jetzt behauptet, seinerzeit mit Hasdrubal in Iberien abgeschlossen worden sei, dann müsse doch auch er davon etwas mitbekommen haben; wenn es stimme, dass Hannibal schon als Kind von seinem Vater auf schwierigen Feldzügen mitgenommen wurde, dann werde doch auch der Schwager den bereits Erwachsenen an einem diplomatischen Schachzug nicht gänzlich unbeteiligt gelassen haben.

Der Karthager lachte, denn Aelius schien die Gerüchte über den ominösen Vertrag ganz genau zu kennen. Es gab wohl Leute in Rom, die sich die Sache so zurechtlegten, als wenn ihre Gesandten damals dem karthagischen Strategen äußerst großzügig entgegengekommen seien oder sich gar von dem wendigen Nachfolger Hamilkars hätten über den Tisch ziehen lassen: Bis an den Iber hätte Hasdrubal demnach Iberien beliebig unterwerfen, bekriegen, ausbeuten können – nur diesen Fluss in kriegerischer Absicht nach Norden hin zu überschreiten, das sei ihm von den Römern untersagt worden. Und weil er, Hannibal, dann mit den Truppen, mit denen er auf dem Landweg von Iberien nach Italien gezogen sei, natürlich den Iber habe überqueren müssen, deshalb sei er als Vertragsbrecher schuld an dem ganzen Krieg; das sei es im Wesentlichen. Nach einer längeren Pause, in der die meisten Gäste eher ratlos schwiegen, fragte erneut Alexander nach: Er verstehe nicht, was das nun mit Sagunt zu tun habe und was der Hinweis auf den Philinos bedeuten sollte. Villius nickte heftig und meinte, diese Karthager rührten alles so durcheinander, dass man es hinterher für Erfindung halten müsse. Wieso die Karthager, belehrte ihn Hannibal, die Römer! In Karthago gebe es keine Erinnerung an einen Iber-Vertrag, und er selbst könne sich zwar an den Besuch einer Gesandtschaft in der damals gerade erst im Aufbau befindlichen Stadt Neukarthago erinnern, nicht aber daran, dass Hasdrubal damals ein Abkommen mit ihnen unterzeichnet oder es gar nach Karthago weitergeleitet hätte. Die Fragen des Prinzen Alexander seien daher leicht zu beantworten. Der Hinweis auf Philinos als den angeblichen Erfinder eines nur angeblich fingierten Vertrages und die tatsächliche Abgrenzung von Interessenzonen an der Seestraße von Messana bedeuteten: Wenn es einen Iber-Vertrag gegeben hätte, dann hätten die Römer alles Gebiet von Italien bis an das Nordufer dieses Flusses, also einschließlich der Alpen und der Pyrenäen und aller keltischen Stammesgebiete dazwischen, als ihre Interessenzone deklariert, sich aber zugleich auch verpflichtet, sich im Gebiet südlich des Iber nicht einzumischen, jedenfalls nicht militärisch.

Wieder war es Villius, der unterbrach: Daran hätten sie sich ja auch gehalten, die Römer hätten wegen des Iber-Vertrags schweren Herzens darauf verzichtet, die Saguntiner von der karthagischen Belagerung zu befreien, beim Herkules! Ungerührt antwortete ihm Hannibal, dass diese Meinung von Fabius Pictor sicher als eine interessante Variante in das künftige Geschichtswerk aufgenommen würde. Und zu Alexander gewandt fuhr er fort: Mit Sagunt habe das alles eben nichts zu tun, denn Sagunt liege, wie auch die römischen Landkarten – zumindest die des Villius – zeigten, südlich vom Iber. Daher habe er seinerzeit rechtmäßig die Stadt belagert und erobert, völlig unabhängig von Existenz oder Nichtexistenz eines Vertrages über die Abgrenzung von Interessenzonen. Als er dann den Fluss mit seinem Heer überschritten habe, wäre bereits von den Römern in Karthago der Krieg erklärt worden, und ein jeglicher Vertrag wäre damit hinfällig gewesen. Den einzigen Sinn, den dieser Vertrag mache, sei der, die Römer von ihrer

Verantwortung reinzuwaschen, dass sie den Fall Sagunts zum Casus Belli gemacht haben.

Aelius lehnte sich wie erschöpft zurück und es schien, als sei die Geschichtsstunde mit der Befragung eines Zeitzeugen nun abgeschlossen; da bat der feinsinnige Artemon um das Wort. Es hätten doch wohl alle ihren Thukydides gelesen und wüssten, dass man bei einem Krieg nach Ursachen und Anlässen unterscheiden dürfe – er wünschte daher noch zu erfahren, worin beim Kriege Hannibals und der Römer denn nun die tiefere Ursache gelegen habe. Mit gespielter Naivität fiel Lysias ein: Solche Erkenntnis sei ja nach dem schönen Satz des großen athenischen Historikers ein ewiger Besitz, und vielleicht könne man aus den Ursachen des Punischen Krieges etwas für die unmittelbare Gegenwart lernen. Villius hob beide Arme wie zum Gebet hoch: Das habe er doch schon gestern Abend gesagt: die Ursache allen Übels, damals wie jetzt hier im Reich des Königs Antiochos, sei die Kriegstreiberei Hannibals, damals wohl bereits seines Vaters Hamilkar Barkas.

Alexander seufzte laut auf, Lysias hüstelte nervös und der Mann aus Massilia schaute fragend in die Runde, sei es, dass er nicht wusste, wer mit Thukydides gemeint war, sei es, dass er gern erfahren hätte, was am Vorabend diskutiert worden war. Der Karthager blieb hingegen ganz ruhig. Das Geschichtswerk des Thukydides über den Peloponnesischen Krieg, den Machtkampf der Athener und Spartaner nur wenige Jahrzehnte nach dem hellenischen Sieg über die Perser, das habe er mit seinem Lehrer Sosylos, dem Spartaner, in seiner Jugend intensiv studiert – ein wohl ewig gültiges Buch. Und natürlich, ja, Kriegstreiberei, wenn man das so nennen wolle, gebe es immer, und zwar doch wohl auf beiden Seiten: Wer suche nicht, Passendes oder auch Unpassendes zur Denunziation der Gegner zu verwenden? Weder er selbst noch sein Vater oder Schwager, vermutlich auch sonst kaum ein Karthager sei damals frei von Angst vor einem neuen Krieg mit den Römern gewesen; jegliches Vertrauen habe gefehlt und man habe in Rom eine ungestüme, rücksichtslos ausgreifende Macht gesehen. Er selbst habe immer gemeint, ihr entgegenarbeiten zu müssen, bevor sie sich etwa auch Iberien einverleibe. Somit hätte sich Karthago ganz ähnlich wie einst Sparta angesichts der Dynamik Athens verhalten – mit dem Unterschied, dass erstens Sparta damals obsiegt habe, übrigens ja auch nur dank einer dritten großen Macht, des Perserreiches.

Allerdings habe sich die karthagische Politik von derjenigen Spartas unterschieden: Weder in Afrika noch in Iberien sei Flottenrüstung betrieben worden; dadurch und in Ermangelung seetüchtiger Verbündeter sei man von vornherein gegenüber Rom im Nachteil gewesen. Heute sehe er selbst gerade darin einen entscheidenden Fehler. Und er würde jedem, der heute an einen Krieg gegen einen Feind mit mächtiger Flotte oder mit seebeherrschenden Freunden denke, dringend raten den maritimen Faktor nicht zu unterschätzen – bei diesen Worte blickte er erst zu Lysias, dann zu dem Rhodier Dionysios. Mehr wollte er nicht zu diesem Thema sagen und machte eine entschlossene Geste: Schluss mit Gegenwartsbezügen!

Inzwischen wurde eine neue Speiseplatte mit gebratenem Geflügel aufgetragen; Agathokritos griff begierig zu, ergötzte sich vernehmlich schon an dem Duft des zierlichen Fleischstücks – Täubchen oder Numidisches Huhn? Villius konnte eine polemische Anspielung nicht unterdrücken:

Kein Karthager könnte numidische Hühner servieren, denn es gebe nur karthagische in Afrika, die freilich die Numider als ihre eigenen, als afrikanische Ureinwohner gewissermaßen, reklamierten und sich das demnächst auch vom römischen Senat bestätigen lassen wollten. Hannibal freute sich über den Witz, bemerkte aber zur allgemeinen Überraschung, dass er mit Massinissa, dem König der Hühnerfänger, um einige Ecken verwandt sei: Seine älteste Schwester, an die er allerdings keine präzise Erinnerung mehr habe, sei mit Narawas, einem Onkel des jetzigen Königs, verheiratet worden, und eine Tochter aus dieser Ehe habe ein anderer Onkel, Oezalkes, zur Frau genommen; möglicherweise sei das Rezept für die besondere Dattelsoße, durch die ein schlichtes Huhn erst zum karthagischen würde, als Mitgift zu den Numidern gelangt.

Der Weg über die Alpen

Nach einer Weile, als die meisten das Geflügel verspeist hatten, bat Alexander, nochmals eine Frage stellen zu dürfen, wenn schon von afrikanischen Tieren die Rede sei: Wie verhalte es sich eigentlich mit den afrikanischen Elefanten? Und ist der Elefant auf den vorhin gezeigten Münzen ein afrikanischer? Welche Sorte Elefanten – und wie viele – habe damals Hannibal auf seinen Feldzug nach Italien mitgenommen und warum habe er eigentlich überhaupt welche mit sich geführt? Der wissbegierige junge Mann fand Beifall; Hannibal reichte nochmals die Doppelschekel herum, auf deren Rückseite ein Dickhäuter mit großen Ohren abgebildet war. In Iberien, so Hannibal, hätten sie immer genügend Nachschub aus Afrika bekommen – es war ja der Stratege im Westen auch zugleich für die afrikanisch-numidische Region zuständig, und Hamilkar hatte schon immer die Verbindung, sogar die familiären, zu mindestens einigen Numiderfürsten gepflegt. Die Tiere hätten sich im Kampfeinsatz gegen die einheimischen Stämme außerordentlich gut bewährt, schon der Abschreckungsfaktor sei beachtlich. Daher habe er beim Aufbruch nach Italien auch etwa vierzig Elefanten mitgenommen; nicht für einen Einsatz gegen die Römer – in diesem Moment fiel eine Münze dem Villius aus der Hand –, aber gegen die Kelten, durch deren Gebiet er habe ziehen müssen. Die hätten sich trotz seiner intensiven Bemühungen um Bündnisse im Vorfeld des Marsches nicht alle freundlich verhalten, etwa diejenigen, die es lieber mit den Griechen von Massilia gehalten hätten.

Agathokritos fühlte sich angesprochen und verteidigte seine Landsleute: Man habe ja alte Freundschaftsverträge mit Rom; als damals die Nachricht eintraf, dass nach dem offiziellen Ausbruch des Krieges Hannibal mit seinem Heer über den Iber und die Pyrenäen im Anmarsch sei, habe man das natürlich weitergemeldet, und bevor der neue Konsul Publius Cornelius mit der Flotte herbeieilen konnte, habe man einige keltischen Freunde darum gebeten, den Karthagern entgegenzutreten. Man habe aber allergrößten Respekt für die damals geleistete großartige Logistik, vor allem das Übersetzen über den Rhodanos; er selbst habe von Kelten, die den Bau der Flöße und den Transport der Elefanten über den Fluss beobachtet hätten, gehört, dass sie ungemein beeindruckt waren und den Feldherrn, der das organisierte, für ein überirdisches Wesen hielten. Ihm pflichtete der

Ephesier Artemon bei, der aus seinem antiquarischen Wissensschatz sogleich die Gestalt des ‹Graiischen› Herakles präsentierte, welcher als Allererster überhaupt die Alpen mit einem Heer überschritten haben soll. Deshalb heißt jenes Gebirge ja auch das ‹Graiische›; Hannibal sei also den ‹Weg des Herakles› entlanggezogen, gleichsam als ‹neuer Herakles›. Wie zum wortlosen Kommentar hielt der so Gerühmte den Doppelschekel hoch, diesmal die Vorderseite mit dem Melqart- bzw. Herakleskopf.

Doch als sich Aelius vernehmen ließ, die Römer hätten verständlicherweise gar nicht damit gerechnet, dass irgendjemand es unternehmen würde, von Norden her nach Italien zu gelangen, da seit Hercules niemand mehr, Gott oder Mensch, diesen Weg mit einem Heer gegangen wäre, widersprach ihm Hannibal: Die Kelten aus dem Raum nordwestlich des Gebirges hätten doch den Insubrern und Bojern, ihren Stammesverwandten in Oberitalien, die von den Römern bekriegt wurden, immer wieder Hilfe geschickt – auf eben jenen Wegen über die Alpen; und das sei nur sieben Jahre und weniger her gewesen! Außerdem gebe es mehrere Routen, auf denen man das Gebirge überqueren könne. Daher habe er selbst ja auch sein großes Heer geteilt und es auf drei verschiedenen Wegen hinübergebracht. Die Römer müssten es sich schon gefallen lassen, dass man ihnen mangelnde Umsicht vorwarf.

Aelius fühlte sich herausgefordert, den anderen Gäste, die mit den Details nicht so vertraut waren, sondern nur ganz allgemein von Hannibals Alpenübergang gehört hatten, die römische Strategie zu erklären: Man habe bei Kriegsbeginn den einen Konsul, Tiberius Sempronius Longus, nach Sizilien geschickt, damit er von dort nach Afrika hinüberfahre und Karthago direkt angreife; der andere, Publius Cornelius Scipio, sei nach Iberien beordert worden. Dabei habe man gehofft, Hannibal ohne Mühe zu besiegen und die Eroberung Karthagos durch die Ausschaltung der Barkiden zu beschleunigen. Oder, so die andere Möglichkeit, man könnte Iberien erobern, wenn die iberischen Truppen zur Verteidigung der afrikanischen Metropole zurückbeordert würden. Stattdessen, ergänzte Agathokritos, sei es bedauerlicherweise gerade umgekehrt gekommen: Beide Konsuln mussten ihre Truppen schnellstens nach Norditalien bringen, um den wahnwitzigen Hannibal in Empfang zu nehmen. Und leider sei dann auch diese Abwehrfront nicht zu halten gewesen.

Hannibal hatte dennoch ein Lob für seine ehemaligen Gegner: Einen genialen Schachzug habe jener Publius Cornelius gemacht, bevor er am winterlichen Südrand der Alpen eine Niederlage nach der anderen einsteckte. Publius wurde nämlich von seinem älteren Bruder Cnaeus, der bereits einige Jahre zuvor Konsul gewesen war, begleitet; und als man am Rhodanos erkannte, dass die Karthager im Wortsinne schon über alle Berge waren, habe er ihn an seiner statt nach Iberien geschickt – mit der Hälfte der Schiffe, dreißig an der Zahl, und einer Legion. Cnaeus habe dann, als er im Laufe des nächsten Sommers tatsächlich in Emporion und Tarraco römische Flottenbasen etabliert hatte, neben Italien noch eine beachtliche zweite Front geschaffen. Die Massalioten hätten, fügte er an Agathokritos gewandt hinzu, den Legaten Cnaeus mit allen ihren Kräften unterstützt.

Artemon langweilte sich bei diesen so kundig vorgetragenen Details, verbarg dies aber geschickt, indem er mit größter Sorgfalt den barkidischen Doppelschekel betrachtete. Nun kam er auf sein zuvor ins Gespräch geworfenes Stichwort zurück: Er sei überzeugt, dass Hannibal den Herakles beziehungsweise den Melqart mehr als die anderen Götter verehre; er habe aber auch das Gerücht gehört, dass er die berühmten Statuette des Bildhauers Lysippos bei sich habe – ob das der Wahrheit entspräche? Bei diesen Worten fuhr Alexander wie elektrisiert auf: Wenn es sich tatsächlich um den einst für den großen Makedonenkönig geschaffenen Herakles Epitrapezios handle, dann wolle er seinen Vater Antiochos bitten, für ihn dieses wertvolle Stück dem Besitzer abzukaufen! Begütigend schüttelte Hannibal den Kopf; leider sei das Gerücht falsch, er habe den Epitrapezios noch nie im Leben gesehen, geschweige denn besessen; auch habe er keine Ahnung, an wen das Kunstwerk einst gekommen sein mochte.

Die Enttäuschung Alexanders und Artemons wurde sogleich mit süßem Gebäck gedämpft, das zwei Bedienstete auftrugen; aus Honigteig waren handtellergroße männliche und weibliche Figürchen geformt, was vor allem Dionysios erheiterte. Als er munter mehreren Teigpüppchen nacheinander den Kopf abbiss, reagierte Aelius, der neben ihm auf dem Speisesofa saß, sarkastisch: Zwar habe Hannibal ein bisschen etwas von seinem Zug über die Alpen erzählt, aber da er von der Verrohung derjenigen karthagischen Truppen, die überhaupt den Marsch überlebt hätten, schamhaft geschwiegen habe, sei es unerklärlich, dass einzelne Zuhörer bereits erste Anzeichen menschenverachtender Bestialität offenbarten.

Kauend erwiderte der Rhodier, dass Hannibal jetzt also von seinen horrenden Verlusten an Mensch, Tier und Material berichten müsse, damit die Harmlosigkeit des Genusses dieser köstlichen Kuchen so recht in Erscheinung treten könne.

Holzschnitt von H. Leutemann (19. Jahrhundert):
Hannibals Übergang über die Alpen

Alle lachten, nur Hannibal blieb ernst. Da gäbe es nichts zu berichten, denn er müsste, wie andere es offensichtlich schon zur Genüge getan hätten, irgendwelche Geschichten erfinden. Erfahrungsgemäß hielten die Menschen eher das Dramatische für wahrer als das Alltägliche, ließen sich lieber besonders Grausiges erzählen als den zur Normalität eines Kriegszuges gehörenden Horror. Zwar ließe er sich nicht ungern mit dem großen Alexander vergleichen, doch habe er nicht den Ehrgeiz gehabt, dessen Todesmarsch durch die Gedrosische Wüste zu imitieren. Es sei nämlich absolut übertrieben zu behaupten, er habe bei seinem Weg über den Iber, die Pyrenäen, den Rhodanos und die Alpen mindestens die Hälfte seines Heeres eingebüßt. Nicht etwa durch Feindeinwirkung, sondern durch unvorstellbare Strapazen in Schnee, Eis, unwegsamer Landschaft einerseits, durch Mangel an Lebensmitteln und Transporttieren andererseits.

Zumeist werde seine Truppenstärke zu Beginn des Krieges maßlos übertrieben, um ihn als verantwortungslosen Heerführer und seine Soldaten als verwahrloste Krüppel zu denunzieren; Überläufer hätten ihm von den Schauermärchen erzählt, die selbst so honorige Konsuln wie Publius Cornelius verbreiteten. Tatsächlich sei er mit etwa 45 000 Mann in Neukarthago losgezogen und mit etwa 28 000 Mann in Oberitalien angekommen; die Differenz, also rund 17 000 Mann, seien allerdings weder erfroren, verhungert, abgestürzt, noch gar desertiert. Er habe sowohl im Gebiet zwischen Iber und Pyrenäen als auch im Gebiet zwischen Pyrenäen und Rhodanos sowie nochmals im Graiischen Gebirge starke Truppenverbände von jeweils etwa 8000

Mann zurückgelassen zur Sicherung der Nachschubwege und der Bündnistreue der dortigen Stämme. Andererseits habe er mehrere Tausend Mann Zuzug erhalten von den Kelten, daher die genannten 28 000 Kämpfer. Die Zahlen der tatsächlichen Verluste, die es – wie bei jedem militärischen Unternehmen – durchaus gegeben habe, seien marginal im Vergleich zu dem, was ihm von den römischen Stimmungsmachern unterstellt würde. Tatsächlich habe es beim Abstieg nach Oberitalien, als Neuschnee auf Altschnee die Wege glatt und unberechenbar gemacht hätten, die Pferde härter getroffen als die Männer. Prozentual am größten seien die Einbußen bei den Elefanten gewesen, denn da sei nur ein einziger, der sensationell robuste Surus, bis nach Mittelitalien durchgekommen. Damit wandte er sich wieder Alexander zu: Indische Elefanten, wie sein Vater Antiochos sie besitze, wären möglicherweise widerstandsfähiger im rauhen Gebirgsklima.

Erste Siege

Lysias, der bisher schweigsam, aber mit großem Interesse zugehört hatte, mischte sich ins Gespräch ein und griff die Erwähnung der Kelten auf. Er hatte sich erst kürzlich mit dem gelehrten Artemon über die Galater unterhalten, keltische Stämme, die vor drei Generationen, bald nach dem Tod des Ahnherrn seines Königs, des Seleukos Nikator, nach Makedonien und Griechenland eingefallen waren. Besiegt durch die Makedonenkönige, aber keineswegs aufgerieben, waren sie nach Kleinasien gekommen, wo sie inzwischen einen eigenen Staat im nordwestlichen Anatolien bildeten.

Ihre als kampftüchtig gerühmten Männer galten seit jeher als gute Söldner, die gern auch in die Dienste der Könige traten – freilich auch in die Dienste von Gegnern der Seleukiden. Während der Ephesier sich für die Sprache und die eigenartigen Gebräuche der Galater interessierte, sah der seleukidische Höfling in ihnen vornehmlich künftige Verbündete und Soldaten. Nun fragte er, um was für ‹Galater› es sich bei den Verbündeten Hannibals gehandelt habe.

Aelius erwies sich als Experte und erklärte, dass die Kelten, die in Italien ‹Gallier› genannt wurden, schon viel früher als die kleinasiatischen Galater in ihre jetzigen Siedlungsgebiete eingewandert waren, nämlich vor rund zweihundert Jahren. Damals hätten sie die Etrusker überrannt und beispielsweise die alte Stadt Felsina zu ihrer Hauptstadt gemacht. Als er selbst als Konsul vor acht Jahren gegen die Bojer habe kämpfen müssen, sei es ihm nicht gelungen, diese nun von den Galliern Bononia genannte Stadt zu erobern. Immerhin habe er erfolgreich die Kolonie Placentia verteidigt, die dann unter seinem Nachfolger im nächsten Jahr von den Feinden zerstört worden sei. Bis jetzt werde nämlich in der Gallia Cisalpina, dem Keltenland diesseits der Alpen, weiter Krieg geführt, und man könne nur hoffen, dass er noch in diesem Jahr zu Ende komme. Es sei doch absurd, dass er hier bei Hannibal speise, während ein römischer Konsul sich mit dessen einstigen Verbündeten immer noch herumschlage.

Auf die Nachfrage des Lysias, wie das zu erklären sei, mischte sich wieder Hannibal ein: Die Römer hätten seines Wissens schon früher Ackerland im Gebiet der Gallier an die eigenen Bürger umverteilt und dann nach dem schweren Krieg vor rund dreißig Jahren einige Wehrkolonien angelegt, um die vorerst Besiegten besser kontrollieren zu können. So sei das stark befestigte Placentia, von dem eben die Rede gewesen sei, ausgerechnet in dem Sommer gegründet worden, als die Römer den Karthagern den Krieg erklärten, also kurz vor seinem eigenen Aufbruch aus Neukarthago. Daher habe er auch so zuversichtlich sein können, in der Gallia Cisalpina Verbündete zu finden, die nur darauf warteten, von der römischen Zwangsherrschaft befreit zu werden. Nicht zuletzt die Schwäche der römischen Truppen unter Publius Scipio, der beim ersten Schlagabtausch mit dem Karthagerheer am Fluss Ticinus unterlegen war, hätten selbst diejenigen Kelten enttäuscht, die den römischen Waffen vertrauten.

Lysias fragte direkt Publius Aelius, ob er es als einen Fehler der Römer sehe, die damals auf ihren Schutz Angewiesenen nicht effizienter zu verteidigen – die Situation in Oberitalien sei doch eine andere gewesen als die Sache mit Sagunt. Die Griechen in der Speisegesellschaft merkten, worauf der Königsfreund hinauswollte, denn gerade Roms großzügige Freiheitsgarantien für Städte in Griechenland und auch in Kleinasien schlossen ja das Schutzversprechen ein, jede Polis im Falle, dass sie in Gefahr wäre, ihre Freiheit einzubüßen, gegen die Angreifer zu verteidigen, beispielsweise gegen Antiochos. Aelius schaute grimmig, denn auch er hielt die damalige Politik gegenüber den Galliern für nicht besonders klug; allgemein war der Senat seinerzeit durchaus nicht einverstanden mit dem rücksichtlosen Vorgehen gegen die Besiegten, wie es etwa Caius Flaminius praktizierte, Konsul im dritten Jahr des Keltenkrieges. Obwohl Aelius selbst aus einer plebejischen Familie stammte, aus der aber, anders als bei Flaminius, schon früher Konsuln hervorgegangen waren, bewunderte er Männer altehrwürdiger patrizischer Herkunft wie einen Marcus Claudius Marcellus, der als Konsul im Jahr nach Flaminius bei Clastidium den Gallierfürsten Virdumarus eigenhändig getötet hatte.

Hier, im Kreis von Leuten, von denen er sich gut vorstellen konnte, dass sie es eher mit Hannibal zu halten beliebten, mochte er aber keine Kritik an einem römischen Feldherrn äußern. Daher antwortete er dem Lysias, er müsse widersprechen, erstens weil Publius Cornelius, nach der ersten Schlacht schwer verwundet und daher zur Untätigkeit verurteilt, sich nach Placentia zurückgezogen hatte, dort aber viele seiner Leute von abtrünnigen Galliern überfallen und geköpft worden waren. Da habe man bei den Kelten nicht Freund und Feind unterscheiden können, auch sei es nötig gewesen, zur eigenen Sicherheit das Feldlager an das südliche Ufer der Trebia zu verlegen. Und zweitens habe sich mit der Ankunft des Konsuls Tiberius Sempronius und seiner Legionen die Situation sofort geändert. Als nämlich romtreue Gallier um Unterstützung gegen die marodierenden Feinde gebeten hätten, habe Sempronius mit seiner Reiterei Hilfe gebracht und die numidischen Plünderer samt hinzugeeilter keltischer Reiterei über die Trebia ins karthagische Lager zurückgetrieben.

An dieser Stelle lachte Hannibal leise auf, denn er erinnerte sich gut, wie er damals seine Leuten angewiesen hatte, mit den neuen römischen Truppen etwas Katz und Maus zu spielen und ihnen vorzugaukeln, sie seien ihnen überlegen! Aelius fixierte ihn irritiert – er mochte sich Ähnliches denken – und sagte dann mit erhobener, vor Erregung vibrierender Stimme, dass Hannibal mit vornehmlich unlauteren Mitteln alles getan habe, um die Gallier aufzuwiegeln und die Römer zu schwächen. So seien die Bundesgenossen aus Brundisium, die als Garnisonstruppen Clastidium und die dort gelagerten Getreidevorräte behüteten, sogar für 400 Goldstücke gekauft worden, wie von verschlagenen punischen Händlern. Jetzt lachte Dionysios und rief Hannibal zu, hätte er um die Liquidität der karthagischen Kriegskasse gewusst, hätte er ihn gern mit rhodischem Wein beliefert. Aelius blickte zu Lysias, der ihn ermunterte, weiterzusprechen. Um das Mitgefühl der Gäste zu rühren, begann er, von der Schlacht an der Trebia zu erzählen, vom Hinterhalt, den Hannibal den römischen Truppen in einem engen Tal gelegt habe, vom eiskalten Winterregen und dem Hochwasser der Trebia, von der Tapferkeit der Soldaten, die ungefrühstückt und ohne geeignete Kleidung in der feuchten Kälte des Dezembermorgens in Verfolgung der Gegner durch den Fluss waten und dann mit klammen Gliedern kämpfen mussten. Unter diesen Umständen war der Feind überlegen. Abgesehen von den 10000 Mann und den 3000 Reitern, die sich nach Norden, nach Placentia flüchten konnten, wurden alle anderen entweder getötet oder gefangen genommen, sofern sie nicht beim Versuch, ins eigene Lager zu gelangen, in der Trebia ertranken.

Artemon schüttelte sich, als spüre er das eiskalte Wasser; Agathokritos rang die Hände und Villius hielt den Kopf tief gesenkt, während Lysias eine undurchdringliche Miene zeigte.

Hannibal, der auf seinen Sieg gegen den zahlenmäßig überlegenen Gegner und auf die gelungene Umzingelungstaktik seiner Reiterei noch immer stolz war, machte eine kleine Geste zu Dionysios: Er als Weinhändler müsse doch wohl zugeben, dass Öl als Handelsware viel bedeutender sei als Wein, jedenfalls für die nördlichen Regionen, wo es so schrecklich kalt sei im Winter. Berauschen würden sich die Kelten notfalls auch mit ihrem eigenen Gebräu, dem Met. Aber Öl, mit dem zigtausend Soldaten ihren ganzen Körper einreiben, so wie er es auf Rat der keltischen Offiziere auch an der Trebia angeordnet habe, das könne man dort nicht herstellen, denn Olivenbäumen wüchsen in jenem Klima nicht.

Am Trasimenischen See

Hannibal wandte sich zu Alexander, der unglücklich dreinschaute: Als umsichtiger Feldherr müsse man, das zeige die römische Niederlage an der Trebia, erstens dafür sorgen, dass die Truppen der Witterung angepasst ausgerüstet seien, zweitens dass sie nicht auf nüchternen Magen kämpfen müssten. Überhaupt sollte man vermeiden, sich unzeitig in eine Schlacht ziehen zu lassen, auch wenn man noch so begierig sei, den Gegner zu schlagen. Darin, die naturräumlichen Gegebenheiten für sich zu nutzen und, wo möglich, auch Hinterhalte zu legen, sehe er weder ein moralisches Vergehen noch einen Verstoß gegen die Regeln des ehrlichen Kampfes, denn der Gegner habe stets die gleichen Möglichkeiten in derselben Landschaft beziehungsweise er habe immer die Option, eine Schlacht zu verweigern.

Publius Villius neigte sich vor und fragte mit leiser Stimme, ob jetzt der Caius Flaminius gemeint sei, der mit den römischen Legionen im karthagischen Hinterhalt am Trasimenischen See umgekommen sei. Der habe ja nach der Ansicht vieler, auch derjenigen des Fabius Pictor, seines Senatorenkollegen, unentschuldbare Fehler bei der Feindaufklärung und beim Einsatz der Truppen gemacht; ein anderer wäre wohl als Sieger aus einer Schlacht in Etrurien hervorgegangen. Man komme zugleich nicht um die Erkenntnis umhin, dass damals die Götter sich von den Römern abgewandt hätten. Das Gerücht, dass am Tage der Schlacht am Trasimenischen See ein gewaltiges Erdbeben Italien erschüttert und erheblichen Schaden in den Städten angerichtet habe, sei nicht aus der Luft gegriffen. Es gäbe immer noch viele Leute, die glaubhaft von eigenartigen Vorzeichen zu berichten wüssten, etwa von einem Regen glühender Steine in Praeneste und in Picenum oder von weißgekleideten Gespenstern in Menschengestalt bei Amiternum. Jedenfalls hätte das Zehnmännerkollegium zahlreiche Entsühnungsrituale angeordnet und durchgeführt, sogar reiche Weihgeschenke seien gemacht worden. Villius wandte sich an Hannibal und sagte, beispielsweise seien vierzig Pfund Gold im Tempel der Iuno in Lanuvium gestiftet worden, das sei etwa das Vierfache von dem, was die Karthager zur Bestechung der Garnison von Clastidium investiert hätten.

Noch bevor Hannibal sich dazu äußern konnte, ließ sich der belesene Artemon vernehmen: Er kenne keine Geschichtsschreibung, in der nicht demjenigen, der eine Niederlage offiziell zu verantworten habe, auch die ganze Schuld dafür gegeben würde, meist in Gestalt moralischer Unzulänglichkeit einschließlich irgendwelcher Vergehen gegen die Götter. Sogleich nickte Aelius zustimmend und sagte, da er selbst seit fünfzehn Jahren Augur sei, könne er bestätigen, dass Flaminius tatsächlich fatale Fehler gemacht habe. So habe jener als der für das neue Amtsjahr gewählte Konsul die Stadt Rom als Privatmann verlassen, nämlich aus Angst, dass seine politischen Widersacher ihn mit gefälschten Auspizien daran hindern würden, in den Amtsbereich Arretium, der ihm durch Los zugefallen sei, aufzubrechen. So sei Caius Flaminius zum Beginn seines Konsulatsjahres bereits in Arretium gewesen, aber er habe durch den Verzicht auf das Ritual der Investitur, vor allem auf den Amtseid auf dem Kapitol, nicht das Recht gehabt, in der vorgeschriebenen gültigen Form den Götterwillen zu erkunden. An dem aber hätte er jede einzelne seiner Entscheidungen orientieren müssen. Einem Mann, der glaubte, dass man Auspizien fälschen könnte, sei grundsätzlich nicht zu trauen. Artemon lächelte jetzt und wiederholte, dass es wohl so sein müsse, dass einer, der die Götter erzürnt habe, Schlacht und zumeist auch das Leben verliere – beziehungsweise eben umgekehrt.

Der Mann aus Massilia mischte sich ein, ob man denn vermuten dürfe, dass Flaminius, wenn er erst nach seiner Vereidigung nach Arretium gezogen wäre, nicht in jenen weiträumigen Hinterhalt gelaufen wäre, den Hannibal ihm und seinen Legionen bereitet hatte? Aelius und Villius schauten sich verständnislos an und schwiegen. Der Karthager zögerte mit einer Bemerkung, sagte dann aber, die Götter würden auch solchen Feldherren beistehen, die zwar fromm, aber nicht klug wären, wobei er vermuten würde, dass Flaminius beides nur begrenzt gewesen sei. Er selbst habe sich damals jedenfalls schon sehr gewundert, dass der Konsul die Gefahr am Nordufer des Trasimenischen Sees überhaupt nicht erkannt hätte und beim Einrichten des Nachtlagers in Seenähe keinen Erkundungstrupp ausgesandt hätte. Zumindest habe Flaminius ein unerschütterliches Gottvertrauen gehabt, denn wenn man einem Feinde folge und ihn einzuholen wünsche, dann müsse man damit rechnen, dass der seinen

Vorsprung nutzte, um einen geeigneten Kampfplatz auszuwählen. Selbst wenn man nicht die Gunst der hügeligen Landschaft an der Straße nach Perusia, die am See entlang lief, erkenne, müsse man doch grundsätzlich zur Absicherung des Nachtlagers Aufklärer herumschicken. Allerdings hätte damals eine Spähertruppe wohl auch nichts ausgerichtet, fügte Hannibal mit stolzem Unterton hinzu, denn seine Soldaten hätten sich absolut lautlos verhalten, niemand hätte sie aufspüren können.

Agathokritos wollte es genauer wissen: Wieso der Karthager sich so sicher gewesen sei, dass Flaminius in die Falle laufen würde? Der Gefragte schaute in die Runde und fragte, ob es die Gäste nicht langweilen würde, wenn er all diese Details hier ausbreite? Niemand äußerte Unwillen, ganz im Gegenteil bat Lysias um die Fortsetzung des Berichts, aus dem, wie er sagte, vor allem ein künftiger Feldherr wie hoffentlich eines Tages der Prinz Alexander doch nur lernen könnte. Also holte Hannibal aus; er begann mit seinen Unternehmungen nach seinem Sieg an der Trebia und schilderte die Überquerung des Apennin-Gebirges im Frühjahr. Er wisse, dass es auch darüber viele Gerüchte gäbe, ähnlich wie über seine Alpenpassage. Am eindeutigsten zu widerlegen sei die Legende von seiner Erblindung auf einem Auge; man sehe ja, dass er noch beide habe, wenn auch ehrlicherweise zuzugeben sei, dass er auf dem linken nicht mehr gut sehen könne – seit seiner Erkrankung in den Arno-Sümpfen. Er vermute, dass man ihn sich als Einäugigen deshalb gern vorgestellt habe, weil er damit dem großen Philipp von Makedonien und dem bekanntlich unglaublich zähen und durchsetzungsfähigen Antigonos, dem General Alexanders, ähnlich erschienen sei.

Des Weiteren würde behauptet, dass er riesige Verluste an Menschen und Tieren, vor allem an Pferden erlitten hätte beim Durchzug durch das überschwemmte Tal des Arno. Mit solchem Gerede hätten aber nur die römischen Feldherren von ihren eigenen Versäumnissen ablenken wollen, nämlich zu erkunden, welchen Weg er über den Apennin einschlagen würde. Vielmehr hätten sie wie bei einer Treibjagd gewartet, wo er ihnen irgendwo in die Lanzen liefe. Bei Luca habe Sempronius, der weiterhin mit dem Oberbefehl betraute Konsul des Vorjahres, gestanden, der draufgängerische Flaminius südöstlich in Arretium, und der andere neue Konsul Cnaeus Servilius habe nordöstlich des Gebirges bei Ariminium Wache gehalten. Keiner von ihnen habe sich offenbar vorgestellt, dass das erwartete feindliche Heer den gleichen Weg nehmen würde wie einige Jahre zuvor die Gallier beim Einfall nach Etrurien. So sei er ungestört von Bononia aus nach Faesulae gelangt und dann, im Mai, ins Arnotal abgestiegen. Wie zur Entschuldigung, dass sie dies nicht vorhergesehen hätten, würde es heißen, mit solch einer mörderischen Route hätte niemand rechnen können. Als er dann von Cortona weitergezogen sei, habe Flaminius wohl gedacht, er würde über Perusia nach Rom marschieren, wo die von ihm wenige Jahre zuvor angelegte schöne Heerstraße, die Via Flaminia, zu einem bequemen Vorrücken einlud. Er machte eine kleine Pause: Natürlich habe das jener auch denken sollen, das sei Teil seines Planes gewesen. Aber dass es ihm der Konsul so leicht machen würde, hätte er nicht für möglich gehalten: In einer nur dreistündigen Schlacht sei ein römisches Aufgebot von über 30 000 Mann vernichtet worden. Etwa die Hälfte sei im Kampf gefallen oder im See ertrunken.

Aelius seufzte, ergänzte aber mit einem Unterton der Befriedigung, wenigstens sei auch Flamininus unter den Toten gewesen, auch wenn, wie ein Gerücht besage, sein Leichnam trotz intensiver Suche nicht gefunden wurde. Hannibal blickte erstaunt, denn er wusste, dass der Konsul von dem Insubrer-Fürsten Ducarius erstochen worden war, der sich damit für die blutige Niederlage seines Stammes rächte, die jener ihnen in seinem ersten Konsulat sechs Jahre zuvor beigebracht hatte. Außerdem erinnerte er sich, wie der Kopf des Römers – neben zahlreichen anderen – bei den Kelten als Trophäe vorgezeigt worden war. Dass dann unter den ihrer Waffen beraubten Toten der geschändete Leichnam des Flaminius nicht mehr identifizierbar war, wunderte ihn keineswegs. Er sagte aber darüber jetzt nichts, um die römischen Gäste nicht noch mehr zu belasten. Ihn selbst grauste es bei der Erinnerung an die damaligen Aufräumarbeiten, die Bestattung der eigenen Toten, vor allem der zahlreichen keltischen Gefallenen, aber auch die Verbrennung der römischen Toten. Man hatte nach der Schlacht noch mehrere Tage an jenem Ort verbracht, um neben den Pflichten gegenüber den Toten und der Versorgung der Verletzten einen Überblick über die Verluste und die Beute zu gewinnen.

Cannae

Indessen räusperte sich Villius, um die große Zahl der Gefangenen anzusprechen. Hannibal hatte von Anfang an, also schon bei den Gefangenen am Ticinus und dann an der Trebia fein säuberlich unterschieden zwischen Römern und deren Bundesgenossen. Dabei waren die einen bei knapper Nahrung, teilweise sogar in Ketten, gehalten wurden, während die anderen ohne Lösegeld in ihre Heimatstädte geschickt wurden, um dort für einen Anschluss an die Karthager zu werben. Das stets wiederholte Motto lautete, Hannibal sei gekommen, um allein gegen die Römer Krieg zu führen, nicht aber gegen die Bundesgenossen, diese wollte er vielmehr von der drückenden römischen Herrschaft befreien.

Diese Parole hatte bei den Galliern eine wesentlich größere Wirkung gehabt als dann bei den Etruskern, die, wie Villius nicht ohne Schadenfreude bemerkte, vor allem die Gallier in Hannibals Heer davon abhielten, an eine Befreiung zu glauben, hatten sie doch mit den ‹Barbaren› in der Vergangenheit nur schlechte Erfahrungen gemacht. Andererseits waren die Römer darauf angewiesen, bei den Aushebungen neuer Legionen, vor allem nach der Niederlage an der Trebia, auch die Gestellung entsprechend vieler bundesgenössischer Kontingente zu fordern, wobei dies konkret bedeutete, dass im Heer auf einen Römer zwei Bundesgenossen kamen. Man hatte sogar bei befreundeten Mächten wie Syrakus um Unterstützung gebeten und daraufhin von König Hieron fünfhundert kretische Schwerbewaffnete und tausend Peltasten aus Sizilien erhalten.

Hannibal gab zu, dass das schier unerschöpfliche Reservoir römischer und bundesgenössischer Soldaten, um das er sehr wohl wusste, den Ausschlag gegeben hatte für die weitere Strategie nach dem großen Sieg am Trasimenischen See. Mochte man in Rom auch fürchten – wie angeblich bereits nach der Niederlage in Oberitalien –, dass das feindliche Heer nun direkt auf die Stadt am Tiber marschieren werde, so entschied der karthagische Kriegsrat, nicht das gut befestigte und durch zwei Legionen zusätzlich geschützte Machtzentrum anzugreifen. Man war für Belagerungen nicht ausgerüstet und musste vor allem damit rechnen, dass das Wehrpotenzial außerhalb Latiums groß genug war, um selbst das inzwischen auf etwa 50 000 Mann angewachsene Heer Hannibals einzukreisen. Ein wesentliches Problem war trotz der logistischen Kette über die Alpen nach Iberien und die Plünderungen im Feindesland die Versorgung dieses Heeres. Wenn auch inzwischen die hochsommerliche Erntezeit angebrochen war und fürs Erste keine Engpässe zu befürchten waren, so empfahl sich doch, eine Seeverbindung mit Karthago herzustellen, also Hafenstädte an der Adria oder am Tyrrhenischen Meer zu gewinnen. Daher, so bestätigte Hannibal jetzt im Gespräch mit seinen Gästen, habe man damals entschieden, nicht an den Tiber, sondern nach Mittel- und Süditalien zu ziehen. Von dort aus konnte man hoffen, die Bundesgenossen abspenstig zu machen und die Rekrutierungen für neue römische Heere zu behindern.

Villius fragte Hannibal unverblümt, ob er nicht bemerkt habe, dass die Plünderungen und die Spur der Verwüstung, die sein Heer hinterließ, seiner Intention entgegenarbeiteten? Jener entgegnete, dass die zweifellos schwierige Lage der Bevölkerung doch gerade von der römischen Strategie noch zusätzlich belastet worden sei. Es habe der in der Notsituation jenes Jahres zum Dictator ernannte Quintus Fabius Maximus den Rückzug aller bedrohten Landbewohner in die befestigten Städte angeordnet, und zwar unter Vernichtung der Felder und der Lagerbestände, also der gerade eingebrachten Ernte. Damit sollten dem Feind keine Nahrungsmittel in die Hände fallen, doch sei dies den Leuten viel unverständlicher gewesen als die Plünderungen. Allerdings, das gab der Karthager zu, habe das Vorgehen des Fabius ihm schon zu erkennen gegeben, dass es auf Dauer nicht möglich sein konnte, sich aus dem Land des Feindes zu ernähren ohne Aussicht auf militärische Entscheidungen. Schon die Suche nach einem geeigneten Winterlager am Ende des Jahres sei nicht einfach gewesen, er selbst hätte es durchaus vorgezogen, nicht von Apulien nach Kampanien und dann wieder zurückzumarschieren. Zweifellos sei ihm klar geworden, dass, wenn es so weitergegangen wäre, er von logistischen Problemen gänzlich davon abgehalten worden wäre, eine effektive Kriegführung zu betreiben. Aber nicht nur gegen ihn habe die Zeit gearbeitet, auch gegen Fabius, denn die Römer hätten Erfolge in Gestalt von Niederlagen der Feinde auf dem Schlachtfeld sehen wollen.

Bevor Aelius, der auf seiner Kline unruhig wurde, etwas zum ‹großen Zauderer› Fabius und den internen Konflikten mit dem Reiterführer Marcus Minucius Rufus sagen konnte, äußerte der Rhodier Dionysios das Bedürfnis, von Hannibal über Gerüchte aufgeklärt zu werden, die ihn als Weinhändler schon immer besonders bewegt hatten: Waren die Pferde im karthagischen Heer wirklich infolge der schwierigen Lebensbedingungen seit dem Alpen- und Apenninübergang von der Hungerkrätze befallen gewesen und hatte man sie geheilt durch Waschungen mit altem Wein, der bei den Plünderungen an der Adriaküste in großen Mengen zusammengekommen war? Bei dieser Frage mussten alle lachen, doch Hannibal sagte nur lakonisch, dass bei wirklichem Bedarf und bei Verfügbarkeit der benötigten Mittel niemand gezögert hätte, Mensch und Tier zu pflegen oder gar zu heilen, damit ließ er aber doch offen, wie viel bester Wein tatsächlich für die Kavallerie verschwendet worden war.

Das zweite Gerücht, von dem Dionysios gehört hatte, betraf das kampanische Weinbaugebiet im Volturnus-Tal, wo der berühmte Falerner gedieh: Hier sollten die Karthager bei ihren Plünderungen und Verwüstungen im Herbst systematisch die Weinstöcke abgehauen haben, um für die Zukunft die ökonomische Basis der römischen Bauern zu ruinieren – stimmte das? Hannibal zuckte mit den Schultern und antwortete, dass er sich zumindest nicht an einen entsprechenden Befehl erinnern könne; wenn es auch sicher keine gezielte Aktion gegen den Falernerwein gegeben habe, so könne er nicht ausschließen, dass in einzelnen Fällen sich die Soldaten die Zeit genommen hätten, die Rebstöcke zu zerstören.

Villius hatte sich inzwischen mit Aelius in lateinischer Sprache einen kurzen Disput geliefert, in dem es darum ging, ob man es akzeptieren sollte, wenn Hannibal nun noch auf die schreckliche römische Niederlage bei Cannae eingehen wollte. Agathokritos, der das bemerkt und verstanden hatte, wandte sich an Artemon, von dem er vermutete, dass der ältere Herr sich bei diesen militärischen Erörterungen schon genügend gelangweilt habe, doch der meinte recht munter, er würde allzugern erfahren, welche moralischen oder religiösen Fehler der römischen Kommandeure bei der zweiten großen Schlacht dem Hannibal den Sieg zugespielt hätten. Lysias und Alexander erklärten einstimmig, dass sie unbedingt noch hören wollten, was der einstige Sieger zu dem bedeutendsten Erfolg seiner bisherigen Laufbahn – und bei diesen Worten schien es, als zwinkerte der Königsfreund dem Karthager zu – zu berichten habe. Solange sich Menschen für Schlachten interessieren würden, rief sogleich Artemon pathetisch, werde Hannibals Taktik bei Cannae als einzigartiges Exempel feldherrlicher Genialität studiert werden! Und er bemühte feinsinnig den Vergleich, dass man im Kreise der Freunde des großen Makedonen Alexander auch nicht verschmäht hätte, aus seinem eigenen Munde von der Schlacht bei Issos oder bei Gaugamela zu hören. Aelius bemerkte gereizt, dass man leider nicht den Scipio Africanus dabei habe, um von ihm über die Schlacht bei Zama Authentisches zu erfahren, doch Villius bedeutete ihm, besser zu schweigen.

Hannibal begann seine weitere Darlegung mit der Bemerkung, es sei ihm peinlich, in Anwesenheit zweier Römer vom eigenen Ruhm zu handeln, weshalb er es auch ganz kurz machen wolle. Er übergehe daher die Monate zwischen seiner Suche nach einem geeigneten Winterlager, das er dann nahe Luceria in Gereonium gefunden habe, und seiner Eroberung des römischen Versorgungszentrum im küstennahen Cannae. Dort habe er ein Lager an dem einen Ufer des Flusses Aufidus aufgeschlagen, während die Römer zwei Lager jeweils an einem der beiden Ufer hatten. Auch könne er sich nicht kompetent äußern zu den Vorgängen in Rom, einerseits zur Wahl der neuen Jahreskonsuln Lucius Aemilius Paullus und Caius Terentius Varro, andererseits zu den strategischen Überlegungen und den neuen Rüstungen, die immerhin zur Aufstellung des größten Heeres der römischen Geschichte geführt hatten. Ihm hätten also bei Cannae im Hochsommer jenes Schicksalsjahres insgesamt acht Legionen gegenübergestanden, etwa 70 000 Mann einschließlich ungefähr 7000 Reitern, während er selbst über 50 000 Soldaten verfügt habe, darunter 10 000 Reiter. Wie bei allen vorangegangenen Schlachten habe er auf die Kavallerie und die Einkreisung des Gegners gesetzt. Bei Cannae sei das allerdings schwieriger als zuvor gewesen, weil die Fußtruppen der Römer deutlich überlegen waren und in ihrer Massierung eine große Gefahr für das eigene Zentrum dargestellt hätten. Daher habe er dort selbst das Kommando übernommen, gegenüber dem Proconsul Servilius; die beiden Flügel mit der Kavallerie wurden indessen kommandiert von Maharbal, der die iberischen und keltischen Reiter unter sich hatte – übrigens entgegengesetzt dem römischen Reiterflügel mit Konsul Aemilius –, während sein Neffe Hanno mit den numidischen Reitern dem anderen Konsul Terentius gegenüberstand.

Um seine Aufstellung des mittleren Treffens möglichst lange zu kaschieren, habe er das Heer an zwei Stellen gleichzeitig über den Fluss Aufidus gehen lassen, nachdem zuvor in langer gerader Reihe die Leichtbewaffneten aufmarschiert seien. Zugleich habe die vorderste Front verdeckt, dass das karthagische Zentrum, also die schwerbewaffneten Iberer und Kelten, sich zu einer konvexen Linie, gleichsam halbmondartig, formierten, während sich an den Seiten die Libyer in der Reserve hielten. Damit habe er bezweckt, beim Zusammenstoß mit dem evidenterweise überlegenen Gegner langsam so zurückzuweichen, dass dadurch zunächst eine gerade Linie entstand, dann eine konkave Linie, wobei die Libyer an den Flanken so flexibel ausschwärmten, dass sie die Fußtruppen der Römer von der Seite bedrängen konnten. Die Reiterei hatte den Auftrag, so zügig durch die gegnerischen Reihen durchzubrechen, dass sie das römische Mitteltreffen von der Rückseite her angreifen konnten. Dieser Plan sei perfekt gelungen, wofür das Hauptverdienst bei dem Zentrum lag, das möglichst lange standhalten musste. Darauf sei er, der Feldherr besonders stolz, denn in den früheren Schlachten sei die Mitte immer zu früh zurückgewichen. Er sei sich des großen Risikos durchaus bewusst gewesen, habe aber richtig vermutet, dass die Konsuln mit der Koordination Schwierigkeiten haben würden, zumal sie keinerlei Erfahrung mit dem Dirigieren so vieler Legionen gehabt hätten. Wie erhofft seien sie auch nicht auf die simple Idee gekommen, durch eine sehr langgestreckte Schlachtreihe seine kleinere Armee zu einer Überdehnung zu zwingen. Da sie ihre vielen Soldaten ganz herkömmlich und folglich wegen der großen Anzahl ungewöhnlich kompakt aufgestellt hätten, sei der in der Mitte beider Fronten entstehende Sog voraussehbar gewesen. Der Rest sei ja bekannt, am Abend des 2. August hätte Rom keine Legionen mehr gehabt.

Kein Marsch auf Rom

Beeindruckt schwiegen die Zuhörer eine Weile, während Hannibal nach Beendigung seiner Ausführungen einen ungewöhnlich tiefen Zug aus seinem Weinbecher nahm. Villius fasste sich als Erster; am schlimmsten sei nicht die Höhe der Verluste gewesen, das hätte sich daran gezeigt, dass die Römer es abgelehnt hätten, die römischen Gefangenen freizukaufen. Das sei keine Frage der Höhe des Lösegeldes gewesen, obgleich, wie er einräumte, die Staatskasse leer war. Es sei um die Aufrechterhaltung der Kampfmoral gegangen: Ein römischer Soldat musste wissen, dass er im Fall der Gefangennahme nicht mehr in die Freiheit zurückkam, sondern höchstwahrscheinlich in die Sklaverei verkauft wurde. Am schlimmsten sei an der Niederlage bei Cannae gewesen, dass so viele Senatoren, nämlich ungefähr hundert, doppelt so viele vornehme junge Männer, potenzielle künftige Senatoren, und unzählige Ritter gefallen waren. Niemand wisse das besser als Hannibal, denn er habe Befehl gegeben, allen diesen Toten die goldenen Ritterringe abzunehmen, und habe dann das Gold nach Karthago bringen lassen. Das seien, ungefähr überschlagen, 200 Pfund gewesen, also das Fünffache des römischen Weihgeschenks vom Vorjahr für die Iuno in Lanuvium, und in euböische Talente umgerechnet zwei – in jedem Fall eine satte Beute, der man den Verkaufspreis für die rund 20 000 Kriegsgefangenen von Cannae noch hinzuaddieren müsste.

Aelius winkte indessen ab; der hohe Blutzoll der römischen Nobilität sei entscheidend gewesen, nicht die materielle Beute, die der Feind habe machen können. Man habe zwar noch Rekrutierungsreserven, vor allem die der Bundesgenossen gehabt, aber eben kaum mehr erfahrere Heerführer; ausgerechnet der unbedarfte Terentius Varro habe die Schlacht überlebt, während der treffliche Aemilius gefallen sei. Aber die Götter hätten mit ihnen doch ein Einsehen gehabt, da sie Hannibal mit politischer Blindheit geschlagen hätten – wie sonst sei zu erklären, dass er nicht mit seinem siegreichen, kaum durch Verluste beeinträchtigten Heer unverzüglich gegen Rom gezogen sei. Das hätten jedenfalls alle befürchtet. Er wandte sich nun wieder direkt an Hannibal: Wie er gehört habe, sei auch im karthagischen Kriegsrat die Empfehlung der Offiziere gewesen, die ihrer Verteidiger beraubte Stadt im Handstreich zu erobern – ihm sei in Aussicht gestellt worden, in nur vier Tagen auf dem Kapitol zu speisen! Nur habe Hannibal das abgelehnt und sei lieber in Süditalien geblieben, zum großen Glück der Römer.

Alexander fragte dazwischen, was das für Hannibal bedeutet hätte, auf dem Kapitol zu speisen. Agathokritos, mit den römischen Ritualen vertraut, gab ihm sogleich die Antwort: Auf dem Kapitol, im Tempel des höchsten römischen Gottes, des Iupiter Optimus, speisten die Triumphatoren als Höhepunkt ihres Zuges, mit dem auch die Beute dem Gott dargebracht werde. Für einen Römer sei es das größte Erlebnis, der Höhepunkt jeder Karriere, als Triumphator bei dem Gott als dessen Tischgenosse zu speisen. Der Prinz dankte für die Erläuterung, doch schon ließ sich Artemon vernehmen: Man müsse Hannibal fragen, ob seine kühnsten Hoffnungen diejenigen eines römischen Feldherrn auf einen Triumphzug zum Kapitol gewesen wären.

Natürlich schüttelte jetzt der Angesprochene heftig den Kopf: Das sei alles falsch, oder besser, wieder eines dieser Gerüchte. Es habe damals im Kriegsrat der Reiterführer Maharbal geäußert, man sollte Rom angreifen, und es hätten auch einige wenige geglaubt, die eigenen Kräfte reichten dafür aus, trotz fehlender Flotte und zunächst noch fehlendem Belagerungsgerät. Er habe ihnen aber vorgerechnet, das sie scheitern müssten, weil ihre Truppen zur vermutlich vielmonatigen Belagerung einer so großen Stadt wie Rom ungeeignet seien und mit der Reiterei, ihrer bedeutendsten Waffe, gegen eine Stadtmauer kein Stich zu machen sei. Er habe damals zu Maharbal gesagt, er müsse sich das Ganze erst einmal durch den Kopf gegen lassen, und nach einer schlaflosen Nacht sei ihm klar geworden, dass es sinnvoller sei, auf das Friedensgesuch der Römer zu warten. Jetzt war es an Villius, höhnisch zu lachen: Da habe sich der Karthager freilich gründlich verrechnet. Die Römer würden niemals um Frieden bitten, weder in der Vergangenheit noch je in der Zukunft. Diese Bemerkung elektrisierte Lysias, doch beherrschte er sich schnell wieder; jedenfalls wollte er sich diesen stolzen Spruch gut merken und ihn schon in wenigen Tagen bei der Unterredung mit König Antiochos an geeigneter Stelle zur Warnung anbringen.

Nur Aelius war noch unzufrieden mit Hannibals Antwort und hakte nach: Ob er es denn später nie bereut habe, nicht doch nach dem Sieg bei Cannae gegen Rom marschiert zu sein? Hannibal schaute zunächst an die Decke, dann zu Lysias und schließlich zu den beiden Römern. Da er sich in dem Punkt der Kapitulationsbereitschaft seiner Gegner getäuscht habe und da er tatsächlich zu keinem späteren Zeitpunkt – wenn auch entgegen seinen damaligen Hoffnungen – einen größeren Trumpf in die Hand bekommen hätte, so behalte seine damalige Kalkulation der Erfolgschancen ihre Gültigkeit; er habe es, auch wenn man es ihm nicht glauben wolle, nie bereut, auf die Option eines sofortigen Sturmangriffs oder auf die einer Belagerung der Stadt am Tiber verzichtet zu haben.

Lysias reagierte unwirsch, dachte er doch daran, dass in der aktuellen Situation eines etwaigen Kriegen seines Königs Antiochos gegen Rom Hannibal genau die gleiche Strategie vorschlagen würde, Rom in Italien anzugreifen. Mit gebotener Vorsicht gegenüber den beiden römischen Senatoren erkundigte er sich daher, unter welchen Bedingungen er damals vielleicht doch noch Rom selbst attackiert hätte. Der Karthager hob kurz die Augenbrauen, blieb aber keine Antwort schuldig: Wenn die Bundesgenossen der Römer sich endlich auf seine Seite gestellt hätten, wenn in Spanien und auf Sizilien die Römer militärisch besiegt worden wären und er von dort Zuzug eigener Truppen statt Rückkehr der in Übersee operierenden römischen Legionen hätte erwarten dürfen, dann hätte er, auch wenn der Senat immer noch nicht zur Kapitulation bereit gewesen wäre, die Stadt belagert, denn dann hätte er sicher sein können, dass die Römer von keiner Seite mehr Hilfe bekommen hätten.

Krieg an vielen Fronten
215–211 v. Chr.

Neue Verbündete

Publius Aelius hatte schon seit einiger Zeit gegen Müdigkeit angekämpft, nicht zuletzt weil er unbedingt miterleben wollte, was der Feldherr Hannibal über die Schlacht bei Cannae erzählen würde. Als es nun so aussah, als würde die Speisegesellschaft dem Gastgeber auch durch die weiteren Jahre bis zur bitteren Niederlage der Karthager in jenem langen Krieg lauschen wollen, erhob er sich unter liebenswürdigen Beteuerungen, wie gern er noch länger bliebe und wie peinlich es ihm sei, sich aus dem Kreis zu verabschieden, und begründete seinen vorzeitigen Aufbruch mit der Notwendigkeit, angesichts der Weiterreise nach Pisidien noch einige Korrespondenz zu erledigen. Mit ausgesuchter Höflichkeit erbot sich Artemon, der Bürgermeister von Ephesos, ihn in sein Quartier zu begleiten, damit er nicht – unwürdig seines konsularischen Ranges – allein mit seinem Kutscher durch die nächtliche Stadt fahren müsse. Mit echtem Bedauern verabschiedeten die zurückbleibenden Gäste die zwei Männer, und während Hannibal sie noch zum Vorhof des Anwesens begleitete, ergriff erstmals an diesem Abend der Sidonier Simon, der Vertraute des Karthagers, das Wort. Er wolle nicht in den Verdacht geraten, ein Schmeichler zu sein, doch nutze er die kurze Abwesenheit des Hausherrn, um ihn als bewundernswerten Feldherrn zu rühmen. Bisher habe man nur von den Glanztaten und sensationellen Erfolgen gehört, und wenn, wie man doch hoffte, Hannibal bereit sei, auch vom weiteren Verlauf seines Krieges gegen die Römer zu berichten, dann kämen keine derartigen großen Siege mehr zur Sprache. Vielmehr sei es in den folgenden 14 Jahren zumeist wenig spektakulär zugegangen, bis schließlich die Entscheidung nicht mehr in seinen Händen gelegen habe, sondern durch die Ereignisse in Iberien und Afrika erzwungen wurde. Man solle sich aber nicht täuschen lassen und bedenken, dass es doch höchste Bewunderung verdiene, dass ein Feldherr trotz jahrelangen Aufenthalts im Feindesland, vielfältigen Gefahren ausgesetzt, in zahlreichen Einzelgefechten durch seinen Scharfsinn den Gegnern immer wieder Fallen gelegt habe, niemals aber in all den Kämpfen auch nur ein einziges Mal ihnen ins Netz gegangen sei. Mit außerordentlicher Umsicht sei Hannibal auf seine eigene Sicherheit bedacht gewesen, und niemand habe sich vorstellen können, auf ihn als zuverlässigen Führer zu verzichten. Auch in schwierigen Phasen, etwa bei den nicht wenigen vergeblichen Städtebelagerungen, habe er dem Heer mit seinem Optimismus Mut eingeflößt. Man müsse sich vor Augen halten, was es bedeute, dass es innerhalb der Truppen, die aus den verschiedensten Volksstämmen zusammengewürfelt waren, niemals zu einer Meuterei gegen ihn oder zu Streitigkeiten gekommen sei.

Die Gäste applaudierten, selbst Publius Villius klatschte in die Hände, ergriff dann aber gleich das Wort, um auf die ganz ähnliche vorbildliche Haltung der römischen Konsuln zu verweisen, insbesondere auf Quintus Fabius Maximus, dem es durch konsequente Aufbauarbeit gelungen sei, aus den durch Hannibals erste große Erfolge demoralisierten

Bürgern und Verbündeten wieder schlagkräftige Legionen zu schmieden. Inzwischen war der Karthager wieder auf seinen Platz zurückgekehrt, gefolgt von einem Diener, der einen frischen Mischkrug mit Wein hereinbrachte. Auch dies wurde mit Applaus bedacht, dem der Dionysios Einhalt gebot, um einen Vorschlag zu machen: Wenn es den Gastgeber nicht kränke, so wolle er gern seinen Diener in seinen eigenen, in Ephesos angemieteten Weinkeller schicken, um für den weiteren Verlauf des Abends eine kleine Amphore eines zehn Jahre alten Weins herbeizuholen, nämlich eines besonders guten Weißen aus Maroneia. Wieder klatschten alle Beifall und der Rhodier gab umgehend die entsprechenden Anweisungen.

Hannibal ermunterte seine Gäste, zunächst dem vorhandenen Wein zuzusprechen, um den Krater geleert zu haben, wenn der bessere einträfe. Er selbst wolle sich in der Zwischenzeit bemühen, seine Erzählung von den weiteren Kriegsjahren so zügig voranzutreiben, dass man genau zu dem Jahr komme, in dem der Maroneier gekeltert und auch – hierbei blickte er auf den römischen Gast – ein gewisser Publius Villius Tappulus zum Prätor für Sizilien ernannt worden war. Gerade über Sizilien müsse man ausgiebig sprechen, denn die Insel habe in der zweiten Kriegsphase eine wichtige Rolle für seine Strategie und die der Vaterstadt in Afrika gespielt. Zuerst aber müsse er wenigstens kurz auf die Lage in Kampanien eingehen, von der er sich damals zu viel erhofft hatte und die deshalb kein Ruhmesblatt für ihn sei. Villius lachte etwas verlegen: Vermutlich habe das Scherzwort vom ‹Cannae der Karthager›, das Winterlager in Capua betreffend, doch seine Berechtigung; jedenfalls sei jene bedeutende kampanische Stadt, die zweitgrößte überhaupt in Italien, so oder so zum Prüfstein für Hannibals Strategie geworden. Lysias wollte etwas entgegnen, schluckte aber mit einem tiefen Zug aus seinem Becher die Bemerkung hinunter, dass man selbst bis nach Kleinasien vom römischen Strafgericht an den Capuanern gehört hatte und man daher den Fall der Stadt auch für einen Prüfstein römischer Gnadenlosigkeit halten könnte. Alexander dagegen fragte nach, was es mit dem Witz vom Cannae der Karthager auf sich habe. Also ging Hannibal zunächst darauf ein.

Im Spätsommer und Herbst nach dem Sieg in Apulien am Aufidus hätten sich zahlreiche Orte den Karthagern angeschlossen, beispielsweise Arpi, wenn auch nicht die wichtigeren Städte Luceria und Venusia, wo römische Kolonisten lebten. In manchen Städten, wie in Compsa in Samnium, hätten die Romfreunde den Romgegnern weichen müssen, und zum Schutz der neuen Verbündeten habe man karthagische Besatzungen dort hineinlegen müssen. Südlich von Apulien seien zwar die Brettier und Lukaner auf ein Bündnis mit den Karthagern eingegangen, mit Ausnahme von kleinen Widerstandsnestern wie Petelia, aber bedauerlicherweise nicht eine der großen griechischen Städte, die man hätte gewinnen wollen, um endlich über brauchbare Häfen zu verfügen. Noch im Herbst habe er das große Heer geteilt, nicht zuletzt aus logistischen Gründen, und sein Neffe Hanno habe das Kommando über die Truppen in Apulien und Lukanien erhalten, während er selbst mit seinem Heeresteil nach Kampanien gezogen sei. Die Capuaner hätten schon im Jahr zuvor, nach seinem Sieg in Etrurien, erste Kontakte mit ihm geknüpft, jetzt schlossen sie einen Bündnisvertrag mit ihm, so dass er dort und in der

Umgebung sein Heer überwintern lassen konnte. Da die Römer ihren Stützpunkt in Casilinum hatten, habe man diese Stadt den Winter über belagert und dann im nächsten Frühjahr auch erobert; zumindest die dortigen Truppen hätten von den Annehmlichkeiten einer schönen, reichen Stadt wie Capua nichts genossen! Seine Leute hätten es sich nicht nehmen lassen, in den Badehäusern, Kneipen und Bordellen einen Teil ihrer Beute zu verjubeln; aber warum hätte er das unterbinden sollen? Offenbar stellten sich die Römer – damals wie heute – vor, dass Vergnügungen der genannten Art oder auch das schlichte Nichtstun die Soldaten kampfuntüchtig machten! Wenn er richtig informiert sei, gäbe es sogar das Märchen, durch den angenehmen und kräftezehrenden Winter in Capua habe selbst er, Hannibal, dann im Frühjahr keine Lust mehr gehabt, Rom anzugreifen.

Ihm selbst wäre es lieber gewesen, man hätte noch im Herbst wenigstens Neapolis erobert, eben wegen des dortigen sehr guten Hafens. Geärgert hätte ihn, dass diese Stadt auch im folgenden Jahr nicht gewonnen werden konnte, auch nicht Kyme; man habe sogar die Belagerung von Nola abbrechen müssen. Aber das habe doch nichts mit den Lustbarkeiten mancher Soldaten in Capua zu tun! Auch dem anderen Heeresteil unter Hanno, der nicht in Capua überwintert hat, sei es im folgenden Jahr nicht gelungen, Rhegion einzunehmen. Immerhin habe Hanno die griechische Stadt Lokroi gewonnen und damit endlich einen Hafen für Materiallieferungen aus Karthago. Auch seien in jenem Jahr nach Cannae das brettische Petelia und das apulische Consentia gefallen. Das nächste Winterquartier sei dann im apulischen Arpi gewesen, doch im Jahr darauf sei er wieder nach Kampanien gezogen, nicht zuletzt, weil die Capuaner um Hilfe gebeten hätten gegen die Römer. Er habe eine starke karthagische Garnison für einen ausreichenden Schutz gehalten, da sei er nicht besorgt gewesen. Aber die Römer hätten im zweiten Jahr nach Cannae den wichtigen strategischen Ort Casilinum zurückerobert, was mit der Zeit seine unerfreulichen Auswirkungen auf Capua gezeitigt habe, nämlich durch neue innere Spannungen und erste Versuche der eher romfreundlichen Opposition, das Bündnis mit ihm wieder zu lösen.

Nach einer kleinen Pause wandte sich Hannibal an Villius: Man könne natürlich auch dem Ausdruck ‹Cannae der Karthager› einen anderen Sinn unterlegen, nämlich vom Ende Capuas her gesehen. Am Ende des vierten Jahres nach dem großen Sieg bei Cannae habe die römische Rückeroberung der zweitgrößten Stadt Italiens begonnen – mit einer Belagerung, die auf das Aushungern der Bürger und ihrer karthagischen Verteidiger abzielte. Für ihn selbst seien diese Ereignisse ein immenser Prestigeverlust gewesen, habe er es trotz aller Bemühungen doch nicht geschafft, seine bedrohten Bundesgenossen zu retten. Er müsse zugeben, dass er damals den Ernst der Lage falsch eingeschätzt habe; es wäre ja nicht das erste Mal gewesen, dass sie ihn zu Hilfe gerufen hätten, aber bei seinem Anmarsch die Gefahr verflogen wäre. Empört habe ihn auch ein Schreiben der Garnisonskommandanten Bostar und Hanno, die ihn persönlich und überhaupt seine Kriegführung in Italien massiv kritisiert hätten: Er würde nie dort sein, wo die römischen Legionen stünden, sondern kämpfe lieber um griechische Städte; diejenigen, die mit ihm zum Ruhm seines Vaterlandes über die Alpen gezogen seien, gäbe er nun ungerührt der Gewalt der Feinde ebenso preis wie diejenigen, die er zum Abfall von Rom verlockt habe. Er habe diesen Brief damals zerrissen, anstatt ihn als Mahnung aufzubewahren. Als er dennoch im nächsten Frühjahr den Capuanern zu Hilfe geeilt sei, habe er erkennen müssen, dass dem Zernierungsring nicht beizukommen war, den die beiden Konsuln des Vorjahres, Fulvius Flaccus und Claudius Pulcher, sowie der Prätor Claudius Nero mit insgesamt drei riesigen Basislagern errichtet hatten. Seine anschließende Taktik eines Entlastungsangriffs direkt auf Rom sei auch nicht aufgegangen.

Villius verschränkte die Arme und lächelte stolz; er erinnerte sich gut, dass in Rom zunächst alle Zeichen auf Panik standen, als Hannibal in Latium einfiel und die Landbevölkerung in hellen Scharen in die Stadt strömten. Manche meinten, sein Anmarsch sei der Beweis, dass die Legionen bei Capua schon vernichtet seien. Vor allem die Frauen spielten verrückt; viele sollen Tage und Nächte mit Bittgottesdiensten in den Tempeln verbracht und die Altäre zwischen den verschiedenen Opfern mit ihren Haaren gesäubert haben. Die Senatoren hätten freilich kühlen Kopf bewahrt. Er räusperte sich geräuschvoll und meinte dann in die Runde, der Angriff auf Rom im fünften Jahr nach Cannae sei eines großen Feldherrn, der Hannibal doch hätte sein wollen, nicht würdig gewesen: entweder zu dilettantisch geplant oder ein riesiger Bluff. Das habe damals auch Fabius Maximus gleich richtig durchschaut. Er selbst habe sich auch der Ansicht angeschlossen, dass hinter dem Aktionismus des Karthagers nur Ratlosigkeit steckte. Es habe zwar danach ausgesehen, als würde Hannibal die Initiative an sich reißen, aber in Wirklichkeit habe er doch keinen

Ausweg gesehen, den Verlust von Capua zu verhindern. Die Römer hätten indessen mit der Eroberung und rigiden Bestrafung jener Stadt aller Welt gezeigt, dass mit ihnen immer noch, trotz Cannae, zu rechnen sei.

Rom oder die Freiheit

Hannibal verzichtete darauf, sich zu dem schrecklichen Strafgericht gegen Capua zu äußern. Laut sagte er dann aber doch, dass das Vertrauen der ehemaligen ‹Freunde› Roms in die Fähigkeit, sie zu schützen, zumindest in der Magna Graecia, im griechischen Süditalien, auch nicht durch die Vorgänge in Kampanien wiederhergestellt worden sei; allein im vierten Jahr nach Cannae hätten sich Thurioi, Metapont und Herakleia ihm angeschlossen; dann schwieg er eine ganze Zeit. Um die lange Pause zu beenden, fragte Agathokritos, was eigentlich mit den Griechenstädten Kroton und Tarent gewesen sei, doch Hannibal schwieg weiter. Schließlich sagte er, auch Kroton sei ihm eine Wunde in seinem Gewissen; die letzten Jahre in Italien habe er dort verbracht, die Stadt lieben und ihr etwas außerhalb gelegenes Heiligtum der Hera Lakinia ehren gelernt. Mit der Gewinnung Krotons seien allerdings gravierende Probleme verbunden gewesen, die ihm erstmals einen Vorgeschmack davon gegeben hätten, was dann tatsächlich in den folgenden Jahren ihm und seinem Heer zum entscheidenden Nachteil geworden sei. Mit der Freiheit, die er den zuvor Rom unterworfenen Gemeinden und Städten gebracht habe, sei nämlich zweierlei verbunden gewesen: Erstens habe man vertraglich den neuen Bundesgenossen zugesichert, dass sie von Tributzahlungen und Waffenhilfe tatsächlich befreit seien, wodurch man auf logistische Vorteile und wichtige Ressourcen verzichten musste. Zweitens hätten die Bundesgenossen ihre neue Handlungsfreiheit nicht selten für Aktivitäten genutzt, die keineswegs im Interesse Karthagos gewesen seien. So hätten die Brettier ihre alten Feinde, die Krotoniaten, angegriffen; beim Fall der Stadt sei durch karthagische Vermittlung nur erreicht worden, dass die meisten Bürger ihre Heimatstadt freiwillig verlassen und nach Lokroi übersiedeln konnten. Das sei dem Ansehen der Karthager bei den Griechen in Unteritalien abträglich gewesen.

Dieser hohe Preis für die Bundesgenossenschaft der Brettier sei aber letztlich gerechtfertigt gewesen, denn die neuen Verbündeten hätten in vielfacher Hinsicht die karthagische Dominanz im westlichen Süditalien stabilisiert. Man habe sich darauf verlassen können, dass sie in ausreichenden Mengen Münzen prägten, um die Kriegswirtschaft jener Region nicht unter Bargeldmangel leiden zu lassen. Dionysios begann in seinem Geldbeutel zu kramen und fischte triumphierend ein Silberstück heraus, eine brettische Drachme mit einem herrlichen Kopf der Göttin Hera auf der Vorderseite.

Er ließ die Münze herumgehen und von allen begutachten. Hannibal wandte sich an den Mann aus Massilia, der ihn nach Kroton und Tarent gefragt hatte: Tarent sei ein ganz anderer Fall gewesen, erstens weil die Stadt von einer starken römischen Garnison bewacht wurde, zweitens weil sie erst spät durch Verrat und dann auch nicht vollständig in seine Hand gekommen sei; die Garnison auf dem stark befestigten Stadtberg habe zudem den Hafen kontrolliert, so dass er, ähnlich wie bei Capua, durch eigene militärische Unterstützung dafür sorgen musste, dass Tarent nicht wieder an die Römer fiel.

Münze der Brettier.
Die Vorderseite zeigt die Göttin Hera.

Hannibals Freund Simon, nach seiner kurzen Lobrede auf den genialen Feldherrn wieder ganz still auf seiner Kline zurückgelehnt, glaubte zu bemerken, dass die ernste Kost, die der Erzähler den Gästen zuletzt geboten hatte, sich auf die Stimmung legte; da er selbst bereits alle Geschichten über den Krieg Karthagos gegen Rom sowie auch einige vergnügliche Anekdoten kannte, bat er um die erbaulichen

Details von der Einnahme Tarents. Hannibal ließ sich nicht lange bitten. Er schilderte zunächst, wie einige junge Leute mit ihm schon im zweiten Jahr nach Cannae Kontakt aufgenommen hatten, wie er zunächst vergeblich in jene Gegend gezogen war, dann den Winter in Salapia verbracht und sich dort auf Kosten von Metapont und Herakleia, zwei südlicher gelegenen Städten am weiten Golf von Tarent, verproviantiert hatte. Im nächsten Frühjahr konnte er Tarent ‹pflücken›, da ihm die jungen Männer eines Nachts ein Stadttor öffneten. Bei aller Vorsicht sei sein Eindringen aber doch bemerkt worden; um ein unübersichtliches Handgemenge mit römischen Soldaten sowie mit Bürgern, die nicht in die Verschwörung eingeweiht waren, zu verhindern, sei folgende List angewendet worden: Man hatte vorsorglich römische Trompeten besorgt sowie Leute, die auf diesen Instrumenten blasen konnten. Am Theater ließ man nun das den Römern vertraute Kampfsignal ertönen, woraufhin die Soldaten, die wie üblich in Privathäusern einquartiert waren, auf die Straße und zur Burg liefen. So seien die Römer von seinen Truppen getötet worden, während die Tarentiner in ihren Wohnungen geblieben wären, da sie meinten, die Unruhe in der Stadt käme allein von den Römern.

Während dieser Schilderung schnaufte Villius wütend; es sei unglaublich, eine tödliche Hinterlist gegen die Römer als erbauliche Anekdote anzukündigen. Er wisse aber auch eine nette Geschichte von der Eroberung jener Stadt, nämlich wie die punische Plünderung organisiert worden sei. Dazu habe Hannibal, der in eigener Person auf dem Markplatz von Tarent biwakierte, durch einen Herold die Bürger zusammenrufen lassen, unbewaffnet selbstverständlich; dann habe er ihnen etwas von Freiheit und Schutz vorgegaukelt, schließlich sie angewiesen, dass jeder an seine Haustür schreiben solle ‹Eigentum eines Tarentiners›, und dass, wer das an ein Haus eines Römers schreibe, die Todesstrafe zu gewärtigen hätte. Danach seien alle nicht als tarentinisch bezeichneten Häuser systematisch geplündert worden, und die Karthager hätte eine üppige Beute gemacht, während die Römer auf der Burg wenigstens ihr Leben gerettet hätten. Nun war es Simon, der nicht erkennen mochte, was der Kern der Geschichte wäre: Plünderungen des Gegners seien doch im Krieg ganz normal. Der Römer antwortete irritiert, dass die Garnisonssoldaten doch keine eigenen Häuser in der Stadt besessen hätten, sondern dass es sich um den Besitz von Tarentinern gehandelt hätte, den man gleichsam gemietet, aber doch nicht konfisziert habe. Somit bleibe er dabei, dass Hannibal unter dem Vorwand, die Römer zu schädigen, eigentlich Bürger der von ihm so segensreich befreiten Stadt beraubt habe.

Hannibal hatte dem Disput kopfschüttelnd zugehört; er mischte sich aber nicht ein, denn er konnte nachvollziehen, dass sich der Römer bei der Geschichte vom falschen Trompetenalarm in Tarent, der vielen seiner Landsleute das Leben gekostet hatte, provoziert gefühlt hatte. Daher wollte er nicht Öl in dieses Feuer gießen mit dem Ausblick auf das spätere Schicksal der großen griechischen Stadt, einer einstigen Gründung Spartas, nämlich auf die römische Rückeroberung vier Jahre später. Der alte Fabius Maximus, in jenem Jahr zum fünften Mal Konsul, hatte den Generalangriff auf Tarent sehr genau geplant, sein eigenes Heer auf dem Seeweg nach Brundisium gebracht, während das Heer Hannibals geschickt in den lukanischen Süden abgelenkt wurde durch einen gleichzeitigen Angriff des anderen Konsuls Q. Fulvius Flaccus auf Kaulonia. So kam der Feldherr, der auch in diesem Jahr alle gegen ihn aufgebotenen römischen Heere besiegt hatte, zwar in großer Eile den Tarentinern zu Hilfe, jedoch kam er zu spät. Nach sechstägiger Belagerung war die zugleich von den Römern in der Burg bedrängte Stadt erobert worden; zuletzt hatten die brettischen Verteidiger sich ergeben, doch wurden sie alle niedergemacht, auch ihr Kommandant Karthalo. Dann wurde die Stadt geplündert, wobei die vielen Statuen und Kunstwerke in den Tempeln und auf den öffentlichen Plätzen nicht geschont wurden. Die größte Beute fanden die Römer in der Münzstätte, nämlich rund 3000 Talente Gold, außerdem wurden 30000 Menschen in die Sklaverei verkauft. Ausgeschlossen, dass Villius das nicht auch wusste – aber hier empörte er sich, dass das Mobiliar und die vergleichsweise bescheidenen Wertsachen aus einigen hundert Häusern Tarents von den Karthagern beschlagnahmt worden waren.

Wenigstens mit einer kurzen Äußerung wollte Hannibal den Senator an das bittere Schicksal Tarents erinnern: Bei der Befreiung jener Stadt von den Karthagern habe es ja keine Beraubungen durch die Römer gegeben; außer dem kolossalen Zeus des Lysipp, der schwer abzutransportieren gewesen wäre, könnte man, wie er gehört habe, dort noch alle anderen berühmten Kunstwerke bewundern. Villius schien die Ironie nicht zu bemerken, denn er sagte stolz, das habe eben den Quintus Fabius Maximus unterschieden vom raffgierigen Marcellus, der das schöne Syrakus zwei Jahre zuvor so erbarmungslos ausgeraubt hätte. Indessen horchte Agathokritos auf und fragte vorsichtig, ob denn die Statue des Herakles, die auf dem Kapitol neben derjenigen des Fabius Maximus stünde, aus Syrakus sei. Der Römer korrigierte leicht verblüfft den Massilioten: Jener Herakles sei aus Tarent, und Fabius habe mit der Aufstellung seines eigenen Bildnisses neben dieser Statue seinen Sieg über Hannibal, den Imitator des Herakles-Melqart, demonstrieren wollen. Erst als jetzt Alexander in die Hände klatschte und vergnügt rief, wenigstens ein Erinnerungsstück habe Fabius also doch aus Tarent mitgenommen, wurde Villius bewusst, dass der schlaue Karthager ihm eine Falle gestellt hatte.

Fataler Umschwung in Syrakus

Lysias bemühte sich, die Wogen zu glätten, indem er vom Thema Tarent ablenkte. Er selbst hatte großes Interesse an der Geschichte der Stadt Syrakus, freilich nicht an dem Bericht von ihrer Schändung bei der römischen Eroberung. Daher griff er weiter zurück und bat um Erläuterung, wie es denn gekommen sei, dass die Syrakusaner an der Seite Karthagos im Krieg gegen Rom gestanden hätten; seines Wissens sei König Hieron doch immer ein besonders treuer Freund der Römer gewesen. Und sehr leise, so dass zumindest Villius es nicht hören konnte, sagte er zum Prinzen Alexander, auf dessen Kline er nach dem Weggang des Aelius gewechselt war: Syrakus sei damals das Pergamon des Westens gewesen.

Villius blieb mürrisch und zuckte mit den Schultern; das wisse er nicht so genau; Syrakus sei, als er selbst dort Prätor wurde, schon einige Jahre römisch gewesen. Für die alten Könige habe er sich nicht besonders interessiert, jedenfalls noch weniger als für die jungen Könige oder für solche – und dabei schaute er mit steinerner Mine zu Alexander, der ihn gerade bloßgestellt hatte –, die es vielleicht einmal werden würden.

Hannibal griff das neue Thema nicht ungern auf, denn in Syrakus war er persönlich nie gewesen, so dass er seine Gefühle besser als im Gespräch über Tarent, Kroton oder Capua beherrschen konnte. Er antwortete zunächst auf Lysias' Frage, dass bald nach dem Tod des uralten Hieron dessen Enkel und Nachfolger Hieronymos einen Vertrag mit den Karthagern ausgehandelt habe, durch den ihm, dem neuen König, ganz Sizilien gehören sollte, wenn die Römer besiegt und aus ihrer Provinz im Westen der Insel vertrieben wären. Das Abkommen sei im Frühjahr des zweiten Jahres nach Cannae in der afrikanischen Metropole unterzeichnet worden. Das klang so, als habe er selbst mit dem Seitenwechsel der Syrakusaner nichts zu tun gehabt, und provozierte auch prompt einen Kommentar des Villius: Da hätten die ‹Wühlmäuse› ganze Arbeit geleistet und einem übergeschnappten jungen Mann, gerade fünfzehn Jahre alt, immerzu von den unfähigen, machtgierigen Römern, vom großartigen Hannibal und seinen eigenen noch viel großartigeren Vorfahren erzählt. Damit habe man ihn dazu gebracht, an eine Erneuerung des alten Freundschaftsvertrages mit Rom unverschämte Forderungen zu knüpfen, nämlich die Erweiterung seines Reiches auf Kosten der römischen Provinz bis zur Mitte der Insel. Die Karthager wären natürlich gern auf so etwas eingegangen, doch selbst, als der freche Fratz von ihnen die ganze Insel gefordert habe, seien sie dazu bereit gewesen – kein Wunder, man könne immer großzügig verschenken, was einem nicht selbst, sondern dem Gegner gehöre.

Hannibal merkte, dass sich Alexander prächtig amüsierte, demonstrierte Villius doch, dass ein Römer selbst über Themen, die ihn gar nicht interessierten, detailliert informiert sein konnte; normalerweise war es ja umgekehrt. Indessen fragte Agathokritos nach: Wieso ein Minderjähriger weitreichende Entscheidungen wie über neue Staatsverträge und Allianzen hätte treffen können. Hannibal schloss eine weitere Frage an: Wieso der Vertrag mit Hieronymos dann nicht aufgelöst worden sei, als ‹der übergeschnappte junge Mann› nach gerade einmal einem Jahr umgebracht und Syrakus dann wieder Republik wurde. Der Senator beantwortete beide Fragen in einem Satz, dass nämlich hinter dem Knaben seine Vormünder gestanden hätten, Männer des Hofrates, die ihn nach ihrem Belieben lenkten und die nach seinem Tod auch das Volk gegen die Römer aufhetzten. Er fügte hinzu, dass dieses historische Beispiel beweise, wie schlecht es um Gemeinwesen bestellt sei, in denen eine despotische königliche Gewalt oder eine leicht verführbare Volksmenge herrsche. Weder die Monarchie noch die Demokratie sei eine wirklich gute Herrschaftsform. Die Römer hingegen, die weder das eine noch das andere seien, vereinten von jeder Verfassung etwas in ihrer eigenen, und zwar jeweils das Beste; daher seien sie den Monarchien ebenso überlegen wie den Demokratien, nicht zuletzt militärisch. Während Lysias nach Luft zu schnappen schien und der Rhodier zum Massalioten hinüberschaute, als wollte er ihn fragen, was er von der Demokratie halte, griff Hannibal den Gedanken auf: Er stimme ihm vollkommen zu, denn auch er sei in einem Staat groß geworden, der demokratische, monarchische und aristokratische Elemente in sich vereine; dennoch sei offenbar Karthago militärisch dem gleichartigen Gegner deutlich unterlegen. Auch darauf hatte Villius eine Antwort, nämlich dass Karthago älter sei als Rom, eben in gewisser Weise altersschwach; doch erntete er mit dieser Philosophie jetzt das unbändige Gelächter der anderen. Simon zeigte auf Agathokritos und meinte, er als Sidonier sei hier offenbar der greiseste, jener Grieche sei dagegen aus eine jüngeren Stadt als Villius, so dass sich nach dieser Logik Rom demnächst vor einem starken Massilia in Acht nehmen sollte.

Hannibal schlug vor, wieder auf Syrakus zurückzukommen; er könne nämlich etwas zu den Vorgängen berichten, die zum Vertrag und zum Tod des Königs Hieronymos geführt hätten. Er sei nicht ganz unbeteiligt gewesen an der Entwicklung in Sizilien, habe er doch inständig gewünscht, der Westteil der Insel könnte wieder karthagisch werden, so wie er es vor dem ersten Krieg mit Rom jahrhundertelang gewesen war, jedenfalls lange bevor Syrakus zu einer Monarchie geworden war. Das Bündnis Hierons mit Rom und das lange Leben des Königs, der im Jahr nach Cannae wohl mindestens neunzigjährig gestorben sei, habe eine Revision der sizilischen Verhältnisse verhindert. Es habe in der Stadt, aber auch am Hof schon seit längerem gegärt; der Sohn und langjährige Mitregent des Königs, Gelon, habe seinen Informationen nach geplant, nach dem Tod des Vaters das Bündnis mit Rom neu zu gestalten. Dies sei wohlgemerkt schon vor dem Beginn des Krieges intendiert gewesen; nach dem karthagischen Sieg bei Cannae seien die Kontakte vertieft worden, doch da sei Gelon plötzlich gestorben. Seine politischen Ideen hätten jedoch auch andere Mitglieder des Kronrates geteilt, vor allem die beiden Schwiegersöhne Hierons, Adranodoros und Zoippos, die dann im Vormundschaftsrat für den noch minderjährigen Enkel die entscheidenden Figuren gewesen seien.

Als dann Hieron tatsächlich verstorben war und im Namen des jungen Königs der Wunsch nach einem Vertrag mit Karthago aufgekommen sei, habe er, Hannibal, drei Männer nach Syrakus geschickt, die dann das Abkommen, von dem hier die Rede sei, auf den Weg gebracht hätten. Der eine, ein Karthager vornehmer Abstammung und auch Hannibal mit Namen, habe die syrakusanische Gesandtschaft nach Afrika begleitet, die beiden anderen wären fortan in Syrakus geblieben; bei ihnen habe es sich um ein Brüderpaar gehandelt, dessen Großvater einst Syrakusaner und als Flüchtling nach Karthago gekommen sei und dort eine Karthagerin geheiratet habe. Die Enkel jenes Mannes, Hippokrates und Epikydes, seien somit karthagische Bürger mit syrakusanischen Wurzeln gewesen; sie hätten ihr Lebensziel darin gesehen, wieder in der alten Heimat zu leben. Soweit er wisse, habe es aber sehr bald Spannungen zwischen diesen Rückkehrern und der Königsfamilie gegeben, so dass er selbst stets davon ausgegangen sei, dass hinter dem heimtückischen Mord an Hieronymos das Brüderpaar gestanden habe.

Eine Wiederherstellung der Freundschaft mit Rom sei damals keine realistische Option gewesen: Die Syrakusaner hätten eine als Bündnis verbrämte Abhängigkeit vom Wohlwollen der Großmacht abgelehnt; ebenso hätten die größeren und kleineren Gemeinden im östlichen Sizilien, die – seit dem Ende des kleinen Königreiches aus der Herrschaft der Syrakusaner befreit – den Sikeliotenbund bildeten, keinen anderen Weg als den ihrer Vormacht gehen wollen. So sei es zur Fortsetzung des schon von Hieronymos ausgerufenen Krieges gegen die Römer gekommen; schon im Sommer des zweiten Jahres nach Cannae habe dann die Belagerung von Syrakus begonnen.

Roms ‹totaler Sieg› in Sizilien

Zu den Ausführungen Hannibals, denen die anderen Gäste konzentriert gefolgt waren, hatte Villius immer wieder zustimmend genickt; offenbar unterschieden sich seine Informationen im Kern nicht wesentlich von der hier vorgetragenen. Bevor er dazu kam, die Perspektive der Römer ins Gespräch zu bringen, meldete sich Dionysios zu Wort. Er hatte mit großer Spannung zugehört, denn in seiner Vaterstadt Rhodos war die Erinnerung an König Hieron von Syrakus, der einst bei dem großen Erdbeben als einer der Ersten Hilfe geschickt hatte, und zwar im Gesamtwert von 100 Talenten Silber, dazu fünfzig damals hochmoderne Katapulte, sehr lebendig. Dies erwähnte er nun ebenso wie das Privileg der Zollfreiheit für rhodische Kaufleute in den Häfen des syrakusanischen Reiches, wobei er mit einer Verbeugung zum Speisesofa von Lysias und Alexander hinzufügte, auch Seleukos, der Vater des jetzigen Königs Antiochos, habe damals großzügig geholfen und gleichfalls Zollfreiheit gewährt. Dann schloss er endlich seine Frage an, nämlich nach der Rolle der syrakusanischen, römischen und karthagischen Flotte bei den Kämpfen um Sizilien.

Villius fühlte sich angesprochen, erhob seinen Becher mit einem schmeichelhaften Trinkspruch auf die Seemacht Rhodos und entschuldigte sich, dass er noch einmal an den Beginn des Krieges zwischen Rom und Karthago zurückgehen müsse. Bereits unmittelbar nach der Kriegserklärung hätte eine kleinere karthagische Flotte die Küste Italiens attackiert, einige von ihnen seien in der Straße von Messana aber von Hieron aufgebracht worden. Man habe den damaligen Prätor in Sizilien angehalten, seine Aufmerksamkeit mit Garnisonen in den Küstenstädten und mit zusätzlichen Wachposten zu verstärken, und tatsächlich habe er so einen Angriff auf Lilybaion, die damalige Hauptstadt der römischen Provinz, vereiteln können. Als dann der Konsul Sempronius mit den Vorbereitungen zur Überfahrt seiner Legionen nach Afrika begonnen habe, sei es ihm sogleich gelungen, die karthagische Insel Melita zu erobern; dann sei er nach Norditalien gegen Hannibal zu Hilfe gerufen worden, doch habe er die Flotte des Prätors verstärkt und auch für die Küste Italiens 25 zusätzliche Kriegsschiffe bereitgestellt. Dieser Küstenschutz sei dann im folgenden Jahr dem Konsul Servilius übertragen worden, weil sich eine karthagische Flotte von Sardinien her in die Gegend um Pisa gewagt hätte, um dort Kontakt mit Hannibals Heer aufzunehmen, das aber indessen, nach der Schlacht am Trasimenischen See, zur Adria hin marschiert sei. Jedenfalls habe Servilius die Lage klären und sogar bis nach Afrika vorstoßen können, man höre und staune bis nach Meninx und Kerkina in der Kleinen Syrte, die geplündert worden seien. Auf der Rückfahrt habe die römische Flotte dann noch die karthagische Insel Kossura eingenommen. Hannibal unterbrach ihn, um zu ergänzen, dass es dem famosen Unternehmen aber nicht gelungen sei, das karthagische Festland zu betreten, und dass bereits im folgenden Jahr zwei karthagische Flottillen in Sizilien gelandet seien.

Villius winkte nur müde ab; er würde an Hannibals Stelle nicht zu sehr prahlen, denn im zweiten Jahr nach Cannae, als die Karthager die Insel Sardinien zum Abfall von Rom hätten bringen wollen, hätten sie ja bewiesen, dass sie nichts mehr zustanden brachten. Da seien für sie die Bedingungen doch überaus günstig gewesen: der neue Prätor krank und nicht einsatzfähig, die Flotte sogar nur unter dem Privatmann Titus Manlius Torquator, wenngleich dieser mit offizieller Befehlsgewalt ausgestattet gewesen sei. Dazu sei dann noch der Aufstand der Sarden unter Hampsicorus gekommen – dessen Sohn Hostus dann allerdings die erste Schlacht vermasselt habe. Aber selbst die drei vornehmen Karthager im Kommando, unter ihnen Mago, ein Verwandter Hannibals, habe mit Leichtigkeit jener Titus Manlius besiegt! Und dann zwei Jahre später, während schon Claudius Marcellus Syrakus belagerte – da habe bei der karthagischen Invasion in Sizilien zwar das Heer unter Himilko Herakleia Minoa und Akragas eingenommen; auch habe Bomilkar 55 Schiffe in den großen Hafen von Syrakus gebracht, im Jahr darauf sogar nochmals 100 Schiffe. Aber dann habe er beim nächsten Mal die Seinen schmählich im Stich gelassen und sei mit der Verstärkung aus Karthago wegen schlechten Wetters lieber nach Tarent weitergefahren. Mit solchen Heer- und Flottenführern könnte man keinen Krieg gewinnen! Damit wandte sich Villius dem Rhodier zu, der ja vom Seekrieg hatte hören wollen; ihm lag viel daran, die maritime

Kompetenz der Karthager kleinzureden, um den rhodischen Waffenbrüdern, die man möglicherweise im Krieg gegen Philipp von Makedonien vor wenigen Jahren nicht zum letzten Mal benötigt hatte, eine deutliche Botschaft zu vermitteln.

Indessen ließ sich erneut Lysias vernehmen, dessen Neugierde auf die sizilischen Ereignisse noch nicht gestillt war: Syrakus sei doch eine der am stärksten befestigten Städte der Welt gewesen und außerdem höre man immer von dem genialen Ingenieur Archimedes, der zur Verteidigung entscheidend beigetragen habe – wie sei es denn da den Römern gelungen, die Stadt zu erobern? Statt Villius antworten zu lassen, ergriff wieder Hannibal das Wort. Er skizzierte die Lage von Syrakus mit einem inneren Stadtmauerring und einem äußeren, der über 150 Stadien lang gewesen sei und die Hochfläche Epipolai umfasst habe, auf welcher die Euryalos-Festung und das Hexapylon-Tor die herausragendsten Bollwerke gewesen seien. Zuerst habe der Konsul Marcellus versucht, die Mauer zu erstürmen, unter anderem von der Seeseite her beim Stadtteil Achradina. Doch infolge der Gegenwehr unter Einsatz der von Archimedes konstruierten Geschütze sowie findiger Abwehrmechanismen gegen römische Leiteraufbauten auf deren Schiffen hätten die Römer nach einigen Monaten von den Sturmangriffen abgelassen und stattdessen die Stadt umzingelt, um sie auszuhungern.

Zum großen Mathematiker und Maschinenbauer Archimedes, der übrigens ein entfernter Verwandter von Hieron gewesen sei, sollte man nicht nur wissen, dass er in seiner Jugend in Alexandria studiert habe, sondern auch, dass er mit der Rüstungsplanung theoretisch und praktisch schon lange vor dem Krieg begonnen habe. Da er dabei stets die volle Unterstützung, gerade auch finanziell, vom König erhalten habe, könnten einem Zweifel an der unerschütterlichen Treue Hierons gegenüber Rom kommen. Aber darüber hier zu spekulieren sei fast eine Generation nach seinem Tod allzu müßig.

Im Hafen von Syrakus hätten sich also 55 karthagische Schiffe befunden; in einer Distanz von 60 Stadien zur Stadt, am Fluss Anapos, habe das karthagische Heer unter Himilko sowie das Söldnerheer des vorhin erwähnten Hippokrates gelegen, während dessen Bruder Epikydes in der belagerten Stadt die Verteidigung organisierte. Außerdem müsse man erwähnen, dass im restlichen Sizilien, vor allem im Landesinneren im Grenzgebiet zwischen dem vormaligen Reich Hierons und der römischen Provinz, viele Gemeinden zu den Karthagern übergingen und Marcellus mit einem Teil seiner Truppen auch unterwegs gewesen sei, um die Gemeinden einzuschüchtern oder sie zurückzuerobern. Wenn der Konsul auf dem geschilderten Hintergrund die große Stadt Syrakus hätte aushungern wollen – hier machte er eine Handbewegung zu Villius hinüber –, dann würde er wohl noch heute dort warten. Wie er also zu seinen Erfolgen gekommen sei, ließe sich leicht denken: Eine prorömische Verschwörung mit mindestes 80 Beteiligten sei verraten worden mit den üblichen Strafen bei Hochverrat. Dann sei ein Komplott aber doch noch gelungen: Bei dem traditionellen mehrtägigen Artemis-Fest sei eine Mauer am Hexapylon-Tor unbewacht geblieben. So sei die Hochfläche Epipolai erstürmt und schließlich auch die starke Garnison der Euryalosfestung zur Kapitulation gebracht worden. Einige

Stadtviertel seien damals geplündert worden, und die Römer hätten damit bereits die Eroberung von Syrakus gefeiert. Allerdings seien damals, im Herbst des vierten Jahres nach Cannae, die Achradina und die Altstadt mit der früheren Königs- bzw. Tyrannenburg auf der Halbinsel Ortygia mit der jeweils eigenen Stadtmauer noch in der Hand ihrer Verteidiger gewesen. Das karthagische Heer habe Verstärkung durch die Sikelioten erhalten, die Flotte im Hafen sei durch Bomilkar auf 150 Schiffe erweitert worden – und dann sei diese Seuche gekommen, das Fieber am sumpfigen Anapos, und habe das Heer vor der Stadt vernichtet. Unter den Toten seien auch die Feldherren Himilko und Hippokrates gewesen. Die endgültige römische Eroberung der Stadt sei dann nur noch eine Frage der Zeit gewesen, weshalb sich Epikydes heimlich nach Akragas abgesetzt habe. Schließlich habe der Iberer Moericus ein Tor in der Stadtmauer der Ortygia für Marcellus geöffnet – damit sei alles gesagt.

Villius fragte Hannibal direkt, woher er das alles so detailliert wissen wollte, er sei doch nie in Sizilien gewesen. Der Karthager nannte zur Antwort einen Namen: Epikydes. Der sei nicht nur aus Syrakus geflüchtet, wie die Ratte vom sinkenden Schiff, sondern auch aus Akragas, das ja gleichfalls durch Verrat an die Römer gefallen sei, allerdings erst ein Jahr später. In Karthago sei er ihm, der ja vor seiner undurchsichtigen Rolle in Syrakus zu seinen besten Offizieren in Iberien und Italien gehört habe, später noch oft begegnet, und man habe sich über die Kriegsereignisse hinreichend ausgetauscht. Darüber zeigte sich Agathokritos erstaunt: Warum ein so erfolgloser und am Ende ganz offensichtlich auch feiger Feldherr nicht hingerichtet worden sei? Hannibal blickte wieder an die Decke, griff zu seinem Becher, trank einen tiefen Schluck und sagte schließlich: Als jener aus Akragas nach Afrika geflohen sei, habe er dies gemeinsam mit dem Kommandeur des letzten karthagischen Heeres auf Sizilien, dem vornehmen Hanno, getan. Diesen charakterisiere hinreichend, dass er aus Neid auf die Tüchtigkeit des Myttones, eines nicht aus den ersten Kreisen Karthagos, sondern aus Hippakra stammenden Reiterführers, diesen degradiert und so zum Verrat von Akragas an den Konsul Valerius Laevinus getrieben habe. Hanno habe weiterhin großen Einfluss im Rat der Stadt gehabt und dadurch auch den Epikydes geschützt.

Der Mann aus Sidon bat, eine Frage an Villius stellen zu dürfen, nämlich was aus den Verrätern, denen die Römer doch den einen oder anderen Erfolg verdankten, eigentlich geworden sei. Die Antwort war knapp: der Iberer Moericus und der Syrakusaner Sosis seien beim kleinen Triumphzug, der ovatio, des Marcus Claudius Marcellus unter den Beutestücken und Gefangenen mitgeführt worden. Lysias hakte nach, ob sie dann auch hingerichtet worden seien, was Villius verneinte. Hannibal wusste zu ergänzen, dass er gehört habe, sie seien in goldenen Ketten vorgeführt worden, danach aber hätten sie, wie übrigens sein alter Freund Myttones auch, zur Belohnung das römische Bürgerrecht erhalten. Während Dionysios und Agathokritos ihr Erstaunen kaum verbergen konnten, da in griechischen Städten die Vergabe des Bürgerrechts als Belohnung für eine besondere Tat eine äußerst selten vergebene Ehre war, ließ sich Lysias mit der Frage vernehmen, wer denn dieser Sosis gewesen sei, von dem habe er, anders als von dem Iberer als Verräter der Ortygia, noch nichts gehört. Alexander hatte sich aber bereits selbst eine Erklärung zurechtgelegt und sagte daher, das müsse der Mann gewesen sein, der das Hexapylon-Tor verraten habe.

Ein Freund jenseits der Adria?

Dem Senator und Konsular Villius war es unangenehm, dass durch Hannibals einseitige Ausführungen die römischen Erfolge als eine Kette von Anstiftungen zum Hochverrat erschienen. Daher widersprach er dem Prinzen: Der Erstürmung der Mauer an jener Stelle während des Artemis-Festes sei keinerlei Verrat vorangegangen. Die römischen Soldaten hätten einfach nur den großen Weinkonsum der Wachen abwarten müssen, um die Mauer mit Leitern überwinden zu können, nachdem sie von selbst die entscheidende Schwachstelle an der Mauer erkannt hätten. Ihre Entdeckung hätten sie einige Tage zuvor gemacht, als sie anlässlich eines Verhandlungsgesprächs nahe an das Tor und die angrenzende Mauern herankommen konnten. Bei diesem sei es übrigens um die Freilassung eines hochrangigen Gefangenen gegangen, nämlich des Damasippos aus Sparta. Der sei von römischen Wachen bei dem Versuch, die belagerte Stadt heimlich zu verlassen, aufgegriffen worden; bei seiner Durchsuchung habe man Dokumente gefunden, die ihn als Gesandten ausgewiesen hätten, der vom Makedonenkönig Philipp Hilfe für die Syrakusaner hätte erbitten sollen.

Hannibal konnte ein Lachen nur mühsam unterdrücken, während Alexander sein Mundtuch vors Gesicht hielt, um nicht ungehörig loszuprusten. Lysias bemühte sich um Ernsthaftigkeit und bemerkte sarkastisch, wie zweckmäßig es die Römer doch einzurichten wüssten, wenn sie hochpolitische Gespräche mit der feindlichen Regierung vor der Stadtmauer führten, anstatt einen Vertreter der Stadt ins Quartier des Feldherrn einzuladen.

Dann wandte er sich an Hannibal: Ob das Gerücht zutreffe, dass auch einmal ein Gesandter, der zwischen ihm und dem Makedonenkönig in mehr oder weniger heimlicher Mission unterwegs gewesen sei, von den Römern abgefangen worden wäre? Der Karthager bejahte eifrig: Das sei sogar zweimal demselben Manne passiert, dem Xenophanes; jedenfalls in der Version der Römer. Da es sich freilich nicht um einen Spartaner, sondern um einen Athener gehandelt habe, sei die Geschichte plausibel, denn die Athener überträfen gern in allem die Spartaner. Villius schien die allseitige Ironie nicht zu bemerken, sondern nickte wieder zustimmend: So frech, wie jener Gesandtschaftsführer die Römer angelogen habe, müsse es ein Athener gewesen sein. Beim zweiten Mal hätte sich der Offizier aber nicht mehr übertölpeln lassen: Da habe man die aufgegriffenen Männer untersucht und den Vertragstext gefunden, mit dem Hannibal den Makedonenkönig eingeladen habe, mit ihm gemeinsam Rom zu vernichten und dann Italien seinem Reich anzugliedern, so wie es sein Ahnherr Pyrrhos auch schon mal versucht hatte.

Hannibal war verblüfft; da war es zweiundzwanzig Jahre her, dass die Karthager mit Makedonien einen Freundschafts- und Beistandsvertrag abgeschlossen hatten, nämlich im ersten Jahr nach Cannae, und es liefen abenteuerliche Gerüchte über vermeintliche Details um – das wollte er sich nicht gefallen lassen. Seiner Erinnerung nach, sagte er mit lauter Stimme, habe in dem Vertrag etwas anderes gestanden, und wenn die Römer den Vertragstext tatsächlich kennten, dann müssten sie ihn auch richtig wiedergeben; er selbst habe das Abkommen schließlich eigenhändig unterschrieben, er müsse doch wissen, was damals vereinbart wurde. Trotzig bestand Villius darauf, dass in dem abgefangenen Dokument das gestanden habe, was er soeben gesagt habe. Zur Unterstreichung seiner Autorität fügte er hinzu, schließlich habe er als Konsul ein Jahr in Griechenland gegen Philipp von Makedonien gekämpft; wenn Hannibal einen anderen Vertrag in Erinnerung habe, dann könnte es ja sein, dass er sich mit Philipp zu guter Letzt doch noch auf einen anderen Inhalt geeinigt hätte als in der Version, die durch das Missgeschick des Gesandten Xenphanes den Römern bekannt geworden sei. Jetzt war es an Lysias, an der Zurechnungsfähigkeit des Konsulars zu zweifeln; er bemühte sich höflich zu bleiben, als er fragte, wie man es in Rom denn handhabe, wenn ein Vertrag sich schließlich von einem früheren Entwurf unterscheide – ob dann nur die ratifizierte Fassung Geltung habe, oder ob irgendwie alles gewertet würde. Die Antwort lautete, dass in Rom gültig sei, was Senat und Volk beschlossen hätten; für Verträge Dritter untereinander achteten die Römer auf den Geist, nicht auf den Buchstaben der Vereinbarungen. Daher sei es auch gleichgültig, ob in dem Vertrag Hannibals mit Philipps ratifiziert sei, dass der Makedonenkönig mithelfen solle, Italien zu erobern und Rom zu vernichten, denn beabsichtigt sei es doch in jedem Fall gewesen.

Münze mit dem Porträt Philipps V. von Makedonien

Die äußerst peinliche Situation wurde dadurch gerettet, dass jetzt der Bedienstete des Dionysios mit dem angekündigten zehnjährigen maroneiischen Wein eintraf. Das neu gefüllte Mischgefäß wurde mit Applaus begrüßt, sogleich erhielt ein jeder daraus in seinen Becher geschöpft und kostete andächtig von dem besonders edlen Getränk. Lysias schmeichelte dem Rhodier mit dem Lob, dieser Weiße sei der Tafel selbst eines Königs würdig, und schloss pragmatisch die Frage an, wie viel davon er liefern könne, wenn, wie man hoffe, Antiochos etwa in sechs Wochen von dem pisidischen Feldzug nach Ephesos zurückkehrte. Der Weinhändler, erfreut über die Offerte, erklärte sich bereit, sein Möglichstes zu tun und ihm fünfzig große Amphoren bereits in den nächsten Tagen bringen zu lassen. Er erwarte zwar demnächst die jährliche Bestellung des Hofes in Alexandria, und auch dort würde Wein aus Maroneia besonders geschätzt, doch was schon verkauft sei an Antiochos könnte er dessen Schwiegersohn Ptolemaios nicht mehr schicken.

Lysias war zufrieden, nahm die Erwähnung Alexandrias aber zum Anlass, sich nach Geschäftskontakten des Dionysios in früherer Zeit zu erkundigen, etwa in der Zeit, von der an diesem Abend so viel die Rede gewesen sei. Der Rhodier antwortete etwas ausweichend: Er selbst habe das Geschäft erst vor zwölf Jahren von seinem Vater übernommen, der hier kredenzte Maroneier sei einer seiner ersten wirklich glänzenden kommerziellen Erfolge gewesen, doch genau in der Zeit hätten die Turbulenzen am Hof des Ptolemaios Philopator, des Vaters des jetzigen Königs, auch den Weinhandel betroffen, die Geschäfte, seien schlecht gegangen.

Als Agathokritos fragte, was das eine denn mit dem anderen zu tun hätte, klärte ihn Simon darüber auf, dass am Hof in Ägypten damals eine schier unglaubliche Menge Wein jeder Art verprasst worden sei, so dass die Geschäfte von Weinhändlern bestens liefen. Seine eigene Stadt Sidon habe damals ja noch zum ptolemäischen Reich gehört, und in ihrem Hafen hätten oft die Handelsschiffe aus Kilikien auf ihrem Weg nach Alexandria angelegt. Er ließ es sich nicht nehmen, von den zahlreichen Statuen in den Tempeln Alexandrias zu berichten, die ein und dieselbe, nur mit dünnstem Stoff bekleideten Frau zeigten, welche ein riesiges Trinkhorn in der Hand hielt: eine gewisse Kleino, ein Freudenmädchen! Und bekanntlich habe die Hure Agathokleia den König Ptolemaios beherrscht, ebenso wie ihr Bruder Agathokles als führender Minister den ganzen Hof; und die Mutter dieser beiden fatalen Personen, die das Reich durch die Ermordung des Königspaares schwer erschüttert hätten, hätte kaum zufällig Oinanthe (‹Weinblume›) geheißen. Mit dem Sturz des Schreckensregimes sei dann im mehrfachen Sinne die Nüchternheit in Alexandria wieder zu Ehren gekommen – zum Schaden der Hoflieferanten.

Dionysios nahm den Faden wieder auf: In den sieben Jahren zuvor, als sein Vater noch das Geschäft geführt habe, sei der Handel in der Ägäis durch die Kriege beeinträchtigt worden, die der Makedonenkönig Philipp führte, vor allem seine Kriege mit den Ätolern. Daher habe sich ja auch Rhodos gemeinsam mit Alexandria, Chios, Mytilene und Byzantion mehrfach bemüht, Frieden zu vermitteln, leider vergeblich. Villius, der dem Weißen mit größerem Genuss zusprach als zuvor dem von Hannibal angebotenen Rotwein aus Teos, unterbrach den Redner und sagte mit schwerer Zunge, das sei damals doch der Krieg der Römer gegen Philipp gewesen, die Ätoler, gute Freunde der Römer, hätten recht daran getan, auf die Friedensvorschläge der Griechen nicht einzugehen: Es sei doch das Ziel des Krieges gewesen, die Griechen von der makedonischen Despotie zu befreien, da habe man zu Ende kämpfen müssen, auch wenn die Wirtschaft darunter etwas – er wiederholte das Wörtchen ‹etwas› dreimal – gelitten hätte.

Lysias bemerkte dazu, dass es dann aber doch zu einem Frieden erst der Ätoler und dann auch der Römer mit Philipp gekommen sei; nach seinen Informationen, weil den

Ätolern weder König Attalos von Pergamon, einer ihrer anderen wichtigen Verbündeten, noch die Römer genügend zu Hilfe gekommen wären. Unwillig wedelte der Senator mit der rechten Hand: Die Ätoler hätten die Römer aus Eigennutz versetzt, und die Römer ihrerseits hätten doch gezeigt, dass für sie die Befreiung der Griechen das Wichtigste gewesen sei, nämlich durch den zweiten Krieg gegen Philipp, den sie aber erst beginnen konnten, nachdem der Krieg gegen Karthago beendet war. Und seit vier Jahren seien sie nun frei, dank des Krieges, den er selbst, sein Amtsvorgänger Sulpicius, der leider zurzeit krank in Pergamon liege, und sein Amtsnachfolger Titus gewonnen hätten. Wie nach einer großen Anstrengung lehnte er sich zurück und schloss mit zufriedenem Lächeln die Augen, mit beiden Händen behaglich den von Dionysios erneut gefüllten Becher festhaltend.

Hannibal blickte zu Lysias, hob leicht die Augenbrauen, imitierte mit dem Wedeln der rechten Hand den Villius und meinte dann, man sollte nochmals auf den karthagischen Vertrag mit Philipp zu sprechen kommen, durch den der Makedonenkönig in die Kriege mit Rom hineingeraten sei. Das Abkommen habe selbstverständlich ausdrücklich die bisherigen Verbündeten beider Seiten einbezogen, also alle diejenigen Staaten, die ihrerseits mit Philipp Bündnisse hatten – mit anderen Worten: fast alle Griechen! Vereinbart worden sei lediglich der gegenseitige Schutz in Gegenwart und Zukunft, also auch für andere Konflikte als den mit Rom. Direkte Waffenhilfe im aktuellen Krieg sei als generell möglich eingeschlossen gewesen, hätte aber im konkreten Einzelfall erst noch geregelt werden müssen. Hier unterbrach ihn Lysias mit der Frage, von wem denn eigentlich die Initiative zu dem Vertrag ausgegangen sei, wenn Hannibal keine konkreten Hilfsmaßnahmen eingefordert und der Makedone kein direktes Eingreifen in Italien angeboten habe. Der Karthager nahm einen neuen tiefen Schluck des wundervollen Weißweins; dann sagte er, dass es Philipp gewesen sei. Der habe nämlich an seinem Hof einen Berater gehabt habe, der sich intensiv für die Vorgänge in Italien interessiert hätte: Demetrios von Pharos; der hätte den König schon von der römischen Niederlage am Trasimenischen See berichtet und ihn dann nach Cannae dazu gebracht, das Bündnis vorzuschlagen.

Während Hannibal sich nochmals vom Wein einschenken ließ, fragte Agathokritos aus Massalia, der als Bürger einer Stadt ganz am Rand der griechischen Welt über die jüngere Geschichte Makedoniens nicht gut informiert war, wer denn dieser Demetrios gewesen sei. Diesmal gab Dionysios die Antwort: Das sei ein Illyrer gewesen, ein entfernter Verwandter der Königin Teuta, die von den Römern besiegt worden sei in jenem Piratenkrieg in der Adria. Die Blicke aller richteten sich auf Villius, aber der war eingeschlafen. Hannibal setzte die Information über Demetrios von Pharos fort: Jener Illyrische Krieg, der sich tatsächlich an der Piraterie entzündete, habe ungefähr zu der Zeit stattgefunden, als sein Vater Hamilkar in Iberien umgekommen sei; die Römer hätten kaum länger als ein Jahr gebraucht, um Teuta zur Abdankung zu zwingen, denn die von den Illyrern bedrohten Griechenstädte an der Adriaküste wären über die Hilfe aus Italien dankbar gewesen. Vor allem aber habe sich jener Demetrios, damals auf Korkyra illyrischer Statthalter, sofort auf die Seite der Römer gestellt und dann nach dem Friedensschluss davon profitiert. Er sei nämlich der Vormund eines Stiefsohnes der Teuta gewesen und damit als Freund Roms der faktische Herrscher gewesen.

Als er dann nach einigen Jahren versucht habe, eine eigenständigere Politik zu betreiben, ohne ständig auf die Interessen der Römer und deren Schützlingen Rücksicht zu nehmen, sei es zu einem zweiten Illyrischen Krieg gekommen, genauso kurz wie der erste übrigens. Das sei damals gleichzeitig zu seiner, Hannibals, Belagerung und Eroberung von Sagunt gewesen. Jedenfalls habe Demetrios fliehen müssen und sei an den Hof des noch ganz jungen makedonischen Königs gegangen, vermutlich weil er sogar entfernte Verwandte in Makedonien gehabt hätte. Dass Philipp, dessen Mutter übrigens eine Epirotin gewesen sei und dessen Vater bereits im Adriaraum Krieg geführt hatte – nicht zuletzt mit den Ätolern –, ganz unter dem Einfluss dieses Illyrers Demetrios gestanden habe, sei auch in einer Klausel der Vertrages mit Karthago ganz deutlich geworden: Er, Hannibal, habe sich verpflichtet, bei Friedensverhandlungen mit Rom, mit denen man damals, im Jahr nach Cannae, jederzeit gerechnet hätte, auf einen Rückzug der Römer aus dem illyrischen Raum und auf die Rückgabe der früheren Herrschaft des Demtrios an diesen zu dringen; immerhin ansehnliche Territorien: Korkyra, Apollonia, Epidamnos und Pharos sowieso und dann aber auch noch das Gebiet der Parthiner und Atintanen.

Dionysios nickte bekräftigend; er fügte hinzu, dass sein Vater als Weinhändler auch Geschäftsbeziehungen zu den Illyrern und zu den Griechenstädten an der Adriaküste unterhalten habe und seinerzeit nicht nur die dortigen Entwicklungen verfolgt, sondern auch bemerkt habe, wie die

Konkurrenz durch die italischen Händler ständig gewachsen sei. Die hätten nämlich Zollfreiheit besessen im Unterschied zu etwa den rhodischen Händlern. Aber sogar die Kaufleute aus Syrakus seien auf die römischen schlecht zu sprechen gewesen, denn die Sonderkonditionen, die noch auf die Zeit der Monarchie in Epirus zurückgingen, waren nach dem Sturz der dortigen Molosserdynastie nichts mehr wert. Da habe es nichts genützt, dass Hierons Schwiegertochter, die Mutter des Königs Hieronymos, von dem sie vorhin gesprochen hätten, die epirotische Prinzessin Nereïs – eine Nachfahrin des großen Pyrrhos – gewesen sei.

Im Minenspiel des Agathokritos zeichnete sich Freude über einen Erkenntnisgewinn ab: Wenn er das richtig verstanden hätte, dann wären Philipp und Hieronymos über ihre Mütter jeweils Nachkommen von Pyrrhos – dann verstünde er jetzt auch, wieso aus dem belagerten Syrakus eine Gesandtschaft zum Makedonenkönig gehen sollte. Lysias stimmte heftig zu: Wenn man bedenke, dass damals ein Minderjähriger zumindest nominell regierte, dann liege auf der Hand, dass der immer schon auf Erweiterung seiner Herrschaft bedachte Philipp darauf hoffte, dass ihm Syrakus als Erbe zufallen könnte! Und das erkläre dann wohl zusätzlich, dass er sich, bevor noch jene auf die gleiche Idee, nur mit umgekehrter Richtung, kommen konnten, für ein Bündnis mit der neuen Macht in Italien und Sizilien interessierte! Als ‹neuer Pyrrhos› konnte er zumindest Anspruch auf die Insel erheben. Zu Hannibal sagte er daher halb scherzend, so unrecht hätte Villius nicht einmal gehabt; der Karthager könne froh sein, das aus dem Kuckucksei, das er sich mit dem Vertrag habe ins Nest legen lassen, nicht ein fürchterliches Kücken geschlüpft sei, das ihn im Fall seines

Sieges über Rom um die Früchte gebracht hätte. Hannibal, der seinerseits den ersten und auch den zweiten Krieg Philipps mit Rom stets eher mitleidslos betrachtet hatte, antwortete ihm sarkastisch, immerhin habe der ‹neue Pyrrhos› die Quittung von den Römern bekommen. Allerdings – er neigte sich etwas vor und zeigte auf den immer noch schlafenden Villius – könnte es sein, dass eine solche Quittung auch für einen ‹neuen Alexander› ausgestellt würde.

Da seien die Götter davor, rief der Prinz Alexander, der bemerkt hatte, dass Hannibal und Lysias in Gedanken bei der aktuellen Situation waren: den bevorstehenden Verhandlungen zwischen dem König Antiochos und den römischen Gesandten.

Der Anfang vom Ende
210–204 v. Chr.

Der Verlust Iberiens

Der Gast aus Massalia richtete sich auf, ging etwas im Raum hin und her; es schien für einen Moment, als wollte nun auch er sich verabschieden, denn er wehrte energisch ab, als Dionysios ihn zu einem weiteren Becher des köstlichen Maroneiers animierte: Er habe das Gefühl schon so viele Krüge Wein getrunken zu haben, wie die Karthager an Fronten zu kämpfen gehabt hätten: in Italien, Sizilien, indirekt auch Griechenland, außerdem nicht zu vergessen – Iberien. Als jetzt der Rhodier auf einem erneuten Einschenken insistierte, gab er nach mit dem Argument, eigentlich sei über Römer und Karthager an der westlichsten Front noch gar nicht so viel gesprochen worden, obgleich dort auch gerade seine Vaterstadt einige Leistungen erbracht hätte, von denen er nur hoffen könnte, dass sie im großen Buch der Geschichte angemessen verzeichnet würden. Hannibal bot ihm den Platz auf seiner Kline an, den Lysias vorhin verlassen hatte und sagte, dazu käme man eben erst jetzt, da in dem siebzehnjährigen Krieg Iberien erst in der späten Phasen eine Rolle, und zwar die entscheidende, gespielt habe. Dabei sei es das Verdienst von Massalia gewesen, dass die beiden Scipionen, der Konsul des ersten Kriegsjahres, Publius Cornelius Scipio, und sein ihm als Legat dienender Bruder Cnaeus, überhaupt an der Küste südlich der Pyrenäen hätten Fuß fassen können. Im zweiten Jahr nämlich hätten es massiliotische Schiffe verhindert, dass die kleine römische Flotte, die Cnaeus aus dem Winterlager in Tarraco zur Ibermündung geführt hatte, besiegt worden wäre. Sein Bruder Hasdrubal, der nach seinem Fortzug aus Iberien dort das Oberkommando gehabt habe, sei ganz siegesgewiss gewesen, die etwa gleichstarke Flotte des Römers zu vernichten, doch dann sei da plötzlich in zweiter Reihe das Aufgebot der griechischen Schiffe entgegengekommen und habe die übliche Zerstörungstaktik unmöglich gemacht, nämlich hinter dem feindlichen und im Vorbeifahren manövrierunfähig gemachten Schiff zu wenden und es erneut von hinten anzugreifen.

Während Agathokritos stolz seinen Becher hob und dem Rhodier zuprostete, gleichsam von Seemacht zu Seemacht, fuhr Hannibal fort: Er müsse allerdings Wasser in den Wein der militärischen Leistungen der Römer und ihrer Freunde gießen; wenn auch im Sommer des zweiten Kriegsjahres Publius Cornelius mit weiteren 20 Schiffen und zwei Legionen zur Verstärkung gekommen sei, so hätten die Römer doch weder in jenem Jahr noch in den folgenden in Iberien etwas Nennenswertes erreicht. Hasdrubal habe zwar seinerseits aus Karthago Verstärkung erhalten durch Truppen unter Himilkon, doch habe er in dem einen Jahr einen Aufstand der Turdetaner, im anderen einen der Numider in Afrika niederwerfen müssen, ohne dass die Römer die Situation ausgenutzt hätten. Sie hätten vielmehr in ihrer Operationsbasis weiterhin nördlich des Iber gesessen und gelegentlich versucht, einen der mit Karthago verbündeten Stämme zum Abfall zu bewegen, aber auch das ohne Erfolg. Das sei so weitergegangen bis ins achte Kriegsjahr, das fünfte nach Cannae. Dionysios mischte sich ein und gab zu

Bedenken, dass die Truppen der Scipionen zahlenmäßig zu schwach gewesen sein dürften. Der Karthager stimmte zu; eben daher hätten die Römer ja auch begonnen, ganz gegen ihre bisherige Tradition, Söldner anzuwerben und diese Keltiberer in der römischen Kampfesweise auszubilden, um sie in die eigenen Truppen einzureihen. Leider hätten sie gemeint, damit schon an Stärke den Karthagern überlegen zu sein und hätten in zwei getrennten Aufgeboten in einer konzertierten Aktion die beiden gegnerischen Heere angegriffen: dasjenige bei Amtorgis unter Hasdrubal und das fünfzig Meilen davon entfernt stehende unter Mago, dem anderen Barkas-Sohn, seinem jüngsten Bruder. Dabei sei dann gegen das letztgenannte Heer, dessen Reiterei übrigens Massinissa befehligt habe, Publius Cornelius gefallen. Als die Sieger zu den Truppen Hasdrubals geeilt seien, hätten die Keltiberer das dortige römische Heer aus Angst verlassen; dann sei auch Cnaeus geflohen, aber von der Reiterei gestellt und schließlich auf einer wasserlosen Anhöhe niedergemacht worden. So sei Amtorgis gleichsam zum iberischen Cannae der Römer geworden.

Agathokritos warf ein, dass die Römer sich aber nicht geschlagen gegeben hätten, sondern den Proprätor Marcus Claudius Nero, einen der Eroberer von Capua, mit frischen Truppen geschickt hätten. Hannibal lachte bitter: Das sei damals auf den ersten Blick keine besonders gute Idee gewesen, denn der ehrgeizige Mann habe schnell erkannt, dass er auf jenem schmalen Streifen an der iberischen Ostküste kaum würde neue militärische Meriten sammeln können, weshalb er durch seine Freunde in Rom erreicht hätte, dass man ihn wieder nach Italien zurückbeorderte. Auf den zweiten Blick sei die Idee – natürlich aus römischer

Pespektive – aber ganz glänzend gewesen, denn weil Claudius nicht länger bleiben wollte, musste ein neuer Kommandant gefunden werden, und da habe Fortuna ihnen den Publius Cornelius Scipio, den Sohn des im Vorjahr Gefallenen, präsentiert. Der habe geradezu darauf gebrannt, Vater und Onkel in Iberien zu rächen, sei aber damals mit seinen 25 Jahren noch sehr jung gewesen und hätte es, drei Jahre zuvor, auf der römischen Karriereleiter erst zum Ädil gebracht. Da sich sonst aber wohl niemand gefunden hätte, in Iberien den Feind gleichsam in seiner Heimat zu bekriegen, habe der Senat den Ausweg gefunden, anstelle eines ordentlichen Amtsträgers ausnahmsweise einen Privatmann mit einem proprätorischen Oberbefehl zu betrauen. Zur Sicherheit sei aber auch ein echter Proprätor, Marcus Iunius Silanus, mitgeschickt worden. Diese neuen Kommandeure seien dann mit weiteren dreißig Schiffen im Herbst des neunten Kriegsjahres in Tarraco eingetroffen – übrigens im selben Jahr, in dem die Karthager ihren letzten Stützpunkt und ihre letzte Hoffnung auf Sizilien hätten abgeben müssen.

Nach diesen Worten schwieg Hannibal eine Weile; er dachte daran, dass der Verlust von Akragas gewissermaßen ein böses Omen für die weitere Entwicklung des Krieges gewesen war. Überhaupt kam ihm das Konsulatsjahr des Marcus Valerius Laevinus wie der Wendepunkt vor; derselbe Mann hatte zuvor als Prätor mit den Ätolern jenen Vertrag ausgehandelt, durch den Philipp von Makedonien in einen Krieg in Griechenland verwickelt wurde und man nicht mehr darauf hoffen konnte, dass er jemals irgendwelche Waffenhilfe in Italien würde leisten können. Lysias hatte Hannibal beobachtet und mochte seine Gedanken erraten;

er prostete ihm zu und forderte ihn auf, fortzufahren, auch wenn er nun das Loblied seines Bezwingers singen müsse.

Bronzebüste des P. Cornelius Scipio Africanus aus Herculaneum

Hannibal mangelte es nicht an Bewunderung für den jungen Scipio, der, wie er von ihm selbst gehört hatte, sich ihn, den Karthager, im Stillen zum Lehrmeister gewählt hatte, den er zu übertreffen begehrte, was dann ja auch in Erfüllung gegangen war. Zunächst, und das stellte er neidlos fest, habe Scipio eine hervorragende Leistung im Drill der bisherigen verschiedenen Truppenteile erbracht und über den Winter hin ein schlagkräftigeres Heer aus den Männern seiner Vorgänger in Iberien und den eigenen geformt. Dann habe er einen geradezu hannibalischen Plan entwickelt, nämlich die Idee, das relativ ungeschützte Neukarthago in einem überraschenden Angriff zu erobern. Er hatte sich ausgerechnet, dass die drei karthagischen Feldherren – seine beiden Brüder Hasdrubal und Mago sowie Hasdrubal, Sohn des Gisgo – im südlichen und südwestlichen Iberien operierten und nicht schnell genug der Stadt zu Hilfe kommen könnten, wenn er beherzt mit der Flotte lande und angreife. Niemand bei den Karthagern hatte nach all den Passivitäten und strategischen wie taktischen Unfähigkeiten der römischen Feldherrn damit gerechnet, dass da einer käme und das Zentrum des barkidischen Iberien attackierte.

All dies machte sich Scipio zunutze und setzte seine Idee im nächsten Frühjahr um. Der Stadtkommandant Mago hatte gerade mal 1000 Soldaten zur Verfügung, notabene zur Verteidigung der gesamten Kriegskasse und der wohl gefüllten Zeughäuser, und konnte in der gebotenen Eile auch nur 2000 Bürger bewaffnen und an der Mauer einsetzen. Als die Stadt schon gefallen war, flüchtete sich Mago zwar in die Burgfestung, doch da die Römer ein entsetzliches Blutbad anrichteten und damit erst aufhören wollten, wenn er sich ergäbe, habe Mago kapituliert. Schließlich habe Scipio die Schiffe, die sein Heer von Tarraco nach Neukarthago transportiert hatten, nun mit der immensen Beute in seine

Basis nördlich des Iber geschickt; die Truppen seien dann auf dem Landweg dorthin ins Winterquartier gezogen und hätten unterwegs auch noch Sagunt aus der karthagischen Herrschaft befreit, zehn Jahre nach dessen Eroberung, die den Krieg mit Rom dann ausgelöst hatte.

Der Prinz Alexander hatte wieder gebannt zugehört und konnte es nicht recht fassen, dass eine Stadt, die gleichsam als Materiallager eine so unersetzliche Bedeutung für die punische Herrschaft in Iberien hatte, nicht besser geschützt worden war; er fragte daher, was die drei Feldherren denn so Wichtiges in den weit von Neukarthago entfernten Regionen zu schaffen gehabt hätten. Hannibal wurde etwas verlegen: Soweit er wisse, habe sein Bruder Hasdrubal bereits im Winter mit seinen beiden Mitstreitern ausgemacht, dass mit oder ohne Segen aus Karthago er nach Italien ziehen würde, um dort Hilfe zu bringen. Daher sei es im Frühjahr darum gegangen, neue Truppen auszuheben beziehungsweise anzuwerben. Wenn dieser Plan realisiert worden wäre, hätte Hasdrubal schon im Jahr des unerwarteten Verlustes von Neukarthago über die Pyrenäen und Alpen ziehen können und wäre im späten Herbst in Oberitalien eingetroffen. Davon habe allerdings Scipio nichts wissen können, nicht einmal in Karthago war davon viel bekannt. So musste der Marsch Hasdrubals nach Italien verschoben werden, er startete dann im nächsten Jahr, nunmehr von Gades aus.

Erneut unterbrach ihn Agathokritos mit der Frage, wann die berühmte Schlacht bei Baecula gewesen sei, im Jahr der Einnahme von Neukarthago oder später. Im Jahr darauf, antwortete Hannibal, als Hasdrubal schon seine Vorkehrungen für den Aufbruch nach Norden getroffen hatte. Als es zum militärischen Zusammenstoß in der Region von Castulo kam, sei die Vorhut mit der Kriegskasse und den Elefanten bereits auf einer anderen Route unterwegs gewesen. Die Schlacht bei Baecula habe auch nicht die Kerntruppen des Heeres betroffen, gleichwohl sei die karthagische Niederlage ein psychologisch fatales Signal gewesen. Scipio habe die Karthager so vorgeführt wie er selbst, Hannibal, einst die Römer in seinen großen Schlachten in Etrurien und Apulien. Sein ‹Schüler› habe nämlich die Punier mehrere Tage hintereinander provoziert und jedes Mal dieselbe Kampfaufstellung vorgeführt, um die Feldherrn in Sicherheit zu wiegen. Dann, als es schließlich zur direkten Konfrontation gekommen sei, habe er eine ganz andere Taktik gewählt und so seinen Bruder Hasdrubal verwirrt und überlistet. Das sei für den Sohn Hamilkars eine völlig neue und verstörende Erfahrung gewesen.

Vor allem aber seien unter den Gefangenen eine Reihe iberischer Fürsten gewesen, die gemeinsam mit den bereits zu den Römern übergegangenen Stammesführern die Sieger demonstrativ gefeiert und damit eine weitere Abfallbewegung bewirkt hätten. Außerdem sei ein Neffe Massinissas in Kriegsgefangenschaft geraten und reich beschenkt entlassen worden, was natürlich auch seinen Eindruck bei den Numidern nicht verfehlt habe. Hasdrubal, auf dem weiteren Marsch unbelästigt, sei dann ganz im Westen, nahe der Atlantikküste, über die Pyrenäen ins Keltenland gelangt; dort habe er dann den Winter verbracht.

Wieder war es Agathokritos, der mehr wissen wollte: Welcher Hasdrubal denn bei Ilipa eine Schlacht verloren habe: Der Sohn des Hamilkar Barkas oder der Sohn des Gisgo. Wenn er jetzt nämlich höre, dass der Bruder Hannibals noch im selben Jahr Iberien verlassen hätte, dann müsste es wohl der zweite Hasdrubal gewesen sein. Ob er richtig vermute, dass damals die anderen karthagischen Feldherren den Scipio angegriffen hätten? Der Karthager schüttelte den Kopf und stellte richtig, dass die Schlacht bei Ilipa im Baetis-Tal zwar der andere Hasdrubal verloren habe und daraufhin nach Gades geflüchtet sei, dass sich dies aber erst im Jahr darauf ereignet habe. Er selbst habe indes auch keine Erklärung dafür, dass weder sein anderer Bruder Mago noch der Sohn Gisgos nach der Schlacht bei Baecula aus der Defensive herausgefunden habe. Im nächsten Jahr habe man immerhin neue Truppen bei den Keltiberern in Mitteliberien angeworben, doch seien Mago und der inzwischen aus Karthago als neuer Feldherr eingetroffene Hanno damals erneut von den Römern angegriffen und vernichtend geschlagen worden, diesmal vom ‹amtlichen› Proprätor Iunius Silanus; immerhin habe damals sein Bruder Mago fliehen können. Mit Hasdrubal, dem Sohn Gisgos, habe er dann wiederum ein neues Heer aufgestellt. Mit diesem seien sie dann im Baetis-Tal bei Ilipa nochmals Publius Cornelius Scipio unterlegen.

Danach hätten die Karthager nicht viel mehr tun können als zu versuchen, von Gades aus den Widerstand zu organisieren und Truppen aus Afrika mit denen in Iberien zusammenzulegen. Im nächsten Jahr, dem dreizehnten des Krieges, habe Scipio seinen Triumph über die Karthager in Iberien vollenden können, denn nachdem er die noch vereinzelt aufflackernde Abneigung gegen die Römer mit größter Brutalität bekämpft hatte, beispielsweise durch die Ermordung der gesamten Bevölkerung von Ilurgeia, habe es auch in Gades kein Bleiben mehr gegeben. Zwar sei eine

Verschwörung rechtzeitig entdeckt worden, aber man hätte mit wiederholten Attacken rechnen müssen. Daher habe Mago alle verfügbaren Wertgegenstände, Gelder und Soldaten aus der schwer zu verteidigenden Stadt evakuiert. Der weitere Befehl aus Karthago habe gelautet, mit den geretteten Mitteln neue Truppen auf den Balearen und in Ligurien zu organisieren und dann nach Italien zu ziehen, um ihm, dem Bruder, die lange angeforderte Unterstützung bringen. Daher sei jener zunächst zu den Inseln gefahren und habe auf der Kleinen Baleareninsel den Winter verbracht.

Gades übrigens sei dann entgegen der Zusicherung im Kapitulationsvertrag von einer römischen Garnison besetzt worden. Danach sei dann auch Scipio aus Iberien abgezogen, nicht aber die Römer. Die hätten vielmehr mit neuen Truppen die beiden Prokonsuln Cornelius Lentulus und Manlius Acidinus geschickt. Das also sei, mit diesen Worten wandte er sich wieder direkt an den Massalioten, die iberische Front gewesen.

‹Rien ne va plus› in Italien

Bevor Agathokritos die Bemerkung des Karthagers zum Anlass nehmen konnte, nun seinen Aufbruch wahr zu machen, rief Dionysios, dass es nach der Aufgabe Iberiens durch die Karthager noch weitere Fronten im Punischen Krieg gegeben habe, schließlich diejenige in Afrika; auf das Mischgefäß mit seiner Weinstiftung zeigend, ermunterte er ihn zum Bleiben und den Gastgeber zum weiteren Erzählen: Der Maroneier reiche noch bis zur Schlacht bei Zama. Indessen erwachte – sei es von der Lautstärke des Rhodiers, sei es vom Stichwort Zama – der Senator Publius Villius Tappulus, der eine geraume Zeit geschlafen hatte. Während er seine Kissen richtete, wedelte der Massiliote wie zuvor der Römer mit der rechten Hand und sagte zu Hannibal, bevor es nach Afrika ginge, wünsche er zu hören, was aus Hasdrubal und Mago geworden sei und was aus ihm selbst in Italien.

Der Karthager ließ sich nicht lange bitten: Sein Bruder, der nach der Schlacht bei Baecula mit dem Ziel Italien zunächst über die Pyrenäen ins Keltenland gelangt war und dort neue Truppen angeworben hatte, sei mit seinem Heer schon von den Römern mit Bangen erwartet worden. Statt wie in den Vorjahren beide Konsuln gegen die Karthager in Lukanien und Bruttium einzusetzen, hätten sie jetzt Truppen in die Gallia Cisalpina schicken müssen.

Jetzt räusperte sich Villius, um sich wieder am Gespräch zu beteiligen: Die Situation sei damals in der Tat etwas verworren gewesen, denn trotz der großartigen Erfolge zuvor mit der Rückeroberung von Syrakus, Capua undTarent hätte die Bevölkerung sich ängstlich gezeigt angesichts des Aufmarsches eines Bruders von Hannibal. Auch sei es schwierig gewesen, ein zweites schlagkräftiges Heer aufzustellen; die Bundesgenossen hätten kaum mehr Leute gehabt, die sie hätten schicken können, und man habe die verbündeten Küstenstädte angehen müssen, die eigentlich keinen Zuzug zum Landheer hätten leisten müssen. Auch sei das Verhältnis der beiden Konsuln untereinander belastet gewesen; Marcus Livius Salinator habe bei der Auslosung der Einsatzbereiche wohl mit einem Trick erreicht, dass er Gallien und das neue Heer erhielt, während Caius Claudius Nero in Lukanien die müden Heere des im Vorjahr gefallenen M.

Claudius Marcellus bekam, verbunden mit dem wenig reizvollen Auftrag, Hannibal im Süden Italiens festzuhalten.

Lächelnd unterbrach ihn Hannibal: Er habe damals seine auf verschiedene Winterlager bei den Brettiern verteilte Truppen zusammengezogen und sei völlig ungestört von Grumentum in Lukanien nach Venusia gezogen, einem von den Römern doch eigentlich kontrollierten Gebiet; es sei der Konsul Claudius allerdings ihm immer gefolgt – wie ein Schatten, oder besser: wie ein Aasgeier. Doch Villius richtete sich stolz auf und fuhr fort: Während dann der Konsul Livius bei Sena Gallica die Invasionsarmee, die schon vergeblich Placentia angegriffen hätte, erfolgreich am Weiterzug nach Süden aufgehalten habe, sei dem Claudius der ganz große Coup gelungen. Er habe den Boten des Hasdrubal abgefangen, der seinem Bruder eine Variante zum bisherigen Plan vorschlug, nämlich dass sich beide Heere statt in Canusium nun in Umbrien treffen wollten, um von dort gegen Rom zu marschieren.

Der Senator ließ sich seinen Becher nochmals mit dem guten Maroneier füllen und schaute zufrieden in die Runde; dann habe Claudius etwas gemacht, was nicht ganz den Vorschriften entsprochen hätte, aber es zähle zumal im Krieg ohnehin nur der Erfolg. Er habe nämlich den tüchtigsten Teil seiner Truppen, 1000 Reiter und 6000 Leichtbewaffnete, mitgenommen auf seinen Eilmarsch nach Norden, in den Amtsbereich seines Kollegen. Den Rest seines Heeres, immerhin noch rund 30 000 Mann, habe er unter dem Kommando eines Legaten zurückgelassen in der sicheren Annahme, dass Hannibal bei Canusium artig und ahnungslos auf den Bruder warten würde. Dann sei der Konsul zur wenig freudigen Überraschung sowohl des Livius wie auch des Hasdrubal an der gallischen Küste erschienen. Daraufhin sei das karthagische Heer den Metaurus entlang landeinwärts gezogen, jedoch von den Römern eingeholt und zur Schlacht gestellt worden. Die habe dann Livius glorios gewonnen durch eine erfolgreiche Umfassung des rechten Flügels des feindlichen Heeres; der gegnerische Feldherr sei dabei gefallen und man habe außerdem dessen noch gut gefüllte Kriegskasse erbeutet. Die Schlacht am Metaurus sei ein zwar kleineres, aber doch eindeutiges ‹Cannae› der Karthager gewesen.

G. B. Tiepolo, aus dem Gemäldezyklus zur römischen Geschichte im Festsaal des Palazzo Dolfin, Venedig (ca. 1725-1730): *Hannibal mit dem Kopf des toten Hasdrubal*

Hannibal fuhr sich mit der Hand über die Augen und senkte schweigend einige Zeit den Kopf. Dann bat er sehr ernst den Römer, ihm etwas erklären: Seines Wissens hätte damals Livius seinen ungeliebten Amtskollege bei jener Schlacht so aufgestellt, dass der gar nicht hätte zum Zuge kommen und Anteil am Sieg fordern können. Warum habe er dann aber dem Claudius Nero gestattet, dem Leichnam des Hasdrubal den Kopf abzuhacken? Diese barbarische Schändung und dann die würdelose Form, gleichsam wie Unrat in einem Sack ihm den Kopf seines Bruders ins Lager bei Canusium zu werfen, habe ihn mehr erschüttert als die schreckliche Niederlage als solche. Villius wirkte peinlich berührt, meinte dann aber, so sei der Krieg nun einmal und die Grausamkeiten auf beiden Seiten hätten sich letztlich wohl die Waage gehalten. Unwirsch fuhr Hannibal auf: Das sei eine einzigartige Infamie gewesen, eine gezielte Demütigung, denn im Vorjahr hätte er selbst mit dem Leichnam des Konsuls Claudius Marcellus ganz anders gehandelt, obgleich er dem Eroberer von Syrakus durchaus hätte schlimme Rachegefühle entgegenbringen können.

Als fast gleichzeitig Agathokritos und Dionysios fragten, in welcher Schlacht Hannibal den Marcellus besiegt habe, antwortete an der Stelle des Karthagers eilig der Senator, es sei keine Schlacht, sondern ein perfider Hinterhalt gewesen, in dem das ‹Schwert Roms› umgekommen sei. Daher wäre es nur billig gewesen, die Aschenurne des ermordeten Marcellus seinem Sohn zu übersenden, der dem Überfall entronnen sei. Übrigens habe zwar auch der andere Konsul Titus Quinctius Crispinus noch fliehen können, sei aber dann seinen schweren Verletzungen erlegen.

Lysias mischte sich ein: Er könne nicht erkennen, wieso

im Krieg ein unterlegener Gegner in einer Schlacht nicht billigerweise ebenso ehrenvoll behandelt werden müsse wie das Opfer eines Hinterhalts, schließlich – und bei diesen Worte imitierte auch er das Handwedeln des Villius – sei ein Überfall auf Feinde, seien es auch die obersten Heerführer, ein normaler Vorgang, solange er sich im offenen Gelände und nicht im Lager des Gegners ereigne. Trotzig wie schon mehrfach erwiderte der Römer, außerdem habe Hannibal sich den Siegelring des Getöteten angeeignet und versucht, damit den Garnisonen gefälschte Befehle zur Kapitulation zu erteilen.

Hannibal bedauerte höflich, dass er erneut widersprechen müsse: Die Geschichte, er habe den Siegelring missbraucht, sei eine böswillige Verleumdung. Was den Tod des Marcellus anginge, so wolle er gern ein paar Worte zur Kriegssituation jenes Jahres, des siebenten nach Cannae, sagen. Damals sei es vorrangiges Ziel der Römer gewesen, Lokroi zu erobern, um den Karthagern durch den Verlust des dortigen Hafens die Dominanz in der südlichen Adria zu nehmen. Als Quinctius die Stadt belagerte und er sich zu deren Entsatz genähert hätte, habe der Konsul sich bis nach Venusia zurückgezogen, sei dann aber gemeinsam mit Marcellus erneut nach Süden vorgestoßen. Sie hätten im Brettiergebiet bei Petelia auf Feindaufklärung verzichtet – wieder einmal! – und seien dadurch in einen Hinterhalt geraten. Dabei habe er nicht einmal ein großes Heer gegen sie ausgeschickt, sondern nur einen Stoßtrupp von 3000 Reitern und 2000 Leichtbewaffneten. Wenn die Feldherren selbst nach einer derartigen Erfahrung ohne hinreichende Deckung und erneut ohne Spähtrupp denjenigen Erkundungsritt unternommen hätten, bei dem sie dann überfallen wurden, dann sei das allergrößter Leichtsinn gewesen. Freilich sei er schon gewohnt, dass auch die peinlichsten Schwächen der römischen Feldherren, jedenfalls wenn sie aus vornehmen Familien stammten, von ihren Lobrednern verschwiegen oder zu Erfolgen aufgebauscht würden. So müsse er es sich wohl gefallen lassen, dass seine Leistungen oder die seiner Leute zumeist nicht nur einfach übergangen, sondern stets ins Negative gewendet würden – so wie zum Beispiel seine ehrenvolle Behandlung des Marcellus, die unerwähnt bleibe, während er aber als Dieb des Siegelrings denunziert werde.

Nochmals ergriff Lysias das Wort; zunächst kommentierte er die von Hannibal kritisierten wahrheitsfernen Erzählungen über einzelne Ereignisse mit der eigenwilligen Bemerkung, offenbar sei das kein spezielles Problem dieses Krieges, sondern, wie selbst die ältere Geschichtsschreibung gelegentlich zeige, die Fortsetzung des Kampfes gegen den Feind mit anderen Waffen – es gäbe eben nicht nur Schreiber von der Statur eines Thukydides. Dann wünschte er von Hannibal eine strategische Einschätzung seiner damaligen Lage zu hören, da ihm nicht klar geworden sei, mit welchen Vorstellungen jener in Süditalien operiert habe nach den Verlusten der zuvor eroberten Städte wie etwa Tarent und vor allem nach dem Tod des Hasdrubal. Als er dabei einen Blick hinüber zu Villius warf, um ihm zu bedeuten, dass er im Anschluss ihn nach der römischen Strategie fragen würde, bemerkte er, dass der Konsular bereits wieder die Augen geschlossen hatte und erneut eingeschlafen zu sein schien.

Da auch Hannibal dies bemerkte, nahm er unbefangener den Gesprächsfaden wieder auf. Seiner Ansicht nach sei es schon nach dem römischen Strafgericht an Capua das Ziel der Gegner gewesen, die abtrünnigen Bundesgenossen um jeden Preis zurückzugewinnen; damit wollten sie seine Strategie unterlaufen, die Verbündeten und damit das Rekrutierungsreservoir der Römer zu paralysieren. In der Tat hätten die meisten Bundesgenossen, die bisher mit dem Gedanken eines Wechsels zu den Karthagern gespielt hätten, nunmehr davon abgesehen; die mit ihm Verbündeten hätten Angst vor der römischen Offensive gezeigt. Er habe also in der Schwierigkeit gesteckt, dies zu verhindern, ohne seine eigenen Kräfte weiter zu verzetteln. Zudem habe in jenen Städten, die freiwillig oder erzwungen an die Seite der Römer zurückkehrten, auch der Verlust der Garnisonstruppen gedroht, wie es dann etwa im apulischen Salapia der Fall gewesen sei, wo 500 Numider draufgegangen wären – für ihn ein schwerer Aderlass in der so wichtigen Reiterei. Sooft es zu militärischen Treffen im Felde gekommen sei, habe er immer gesiegt – beispielsweise mehrfach über den besonders angriffslustigen, zugleich aber mehr als nur glücklosen Konsul Claudius Marcellus. Daher hätten sogar einige Leute in Rom daran gedacht, ihm das Oberkommando zu nehmen, doch sei er dann erneut, zum vierten Mal, zum Konsul gewählt worden, für das Jahr, in dem er dann infolge seines eigenen Fahrlässigkeit zu Tode gekommen sei.

Was dagegen die Situation nach der Niederlage und Vernichtung des karthagischen Heeres aus Iberien unter Hasdrubal angehe, da könne er nur sagen, dass ihn dies wie ein schwerer Schicksalsschlag getroffen habe und er von jenem Zeitpunkt an erstmals gezweifelt habe, ob der Krieg in Italien noch zu gewinnen sei, zumal er auch bereits von den massiven Schwierigkeiten der anderen Feldherren in Iberien gehört hätte. Während die Römer Lukanien wieder ganz unter ihre Kontrolle hätten bringen können, habe er sich damals nach Bruttium zurückgezogen. Nach dem Scheitern des Bruders Hasdrubal habe er sich gefragt, ein wie großes Entsatzheer und vor allem unter wessen Kommando es gebraucht hätte, um ihn in Unteritalien so zu stärken, dass er die Erfolge der Römer hätte revidieren können. Schließlich sei auch Lokroi verloren gegangen, so dass er sich selbst nur noch auf Kroton und Bruttium stützen konnte.

Der Massiliote Agathokritos unterbrach ihn: Da sei doch noch Hannibals jüngster Bruder Mago gewesen; von dem habe er doch zuvor berichtet, dass er nach dem Abzug aus Iberien auf Menorca überwintert habe und danach zu ihm hätte stoßen wollen. Der Karthager nickte, ließ sich seinen Becher noch einmal füllen und setzte seine Darlegung fort. Er habe dann zwar erfahren, dass Mago ihm im Auftrag der karthagischen Regierung ein neues Heer zuführen sollte; der Bruder sei dann auch mit ligurischen Soldaten über den Apennin gekommen, doch sei durchaus zu befürchten gewesen, dass es ihm hätte ergehen können wie schon Hasdrubal: In jenem Jahr, dem elften nach Cannae, sei nach Ariminium an die Adriaküste in der Gallia Cisalpina derselbe Marcus Livius, nunmehr als Prokonsul, geschickt worden, der in jener Gegend am Metaurus gesiegt hatte. Er selbst habe daher erst einmal abgewartet, wie sich Mago durchschlagen werde; jener hätte ohnehin das ganze Jahr bei den Galliern verbracht und sich bemüht, dort neue Verbündete zu gewinnen. In Bruttium hätte er zu jener Zeit auch nicht hilfreich sein können, weil dort eine schwere Seuche ausgebrochen sei, unter der alle – Römer, Karthager, Griechen, Brettier – gelitten hätten.

Der weniger an großen strategischen Überlegungen interessierte Dionysios mit seinem an ökonomischen Realitäten geschärften pragmatischen Sinn hatte die ganze Zeit die kleine Silberdrachme in seiner Hand gehalten, die er bei der ersten Erwähnung der Brettier und der Stadt Kroton aus seinem Geldbeutel geholt und herumgezeigt hatte. Jetzt hielt er die Münze mit dem Kopf der Göttin Hera hoch und fragte, wie es denn Hannibal in der damaligen Situation, ringsum eingekreist von den Römern, finanziell gegangen sei; er habe nämlich gehört, aus Geldnot hätte er sogar das Heiligtum der Hera Lakinia geplündert, woraufhin die Göttin jene Seuche geschickt hätte. Bei der Erwähnung des Tempels über dem Kap Lakinion südlich von Kroton hob Lysias seinen Becher: Ob es stimme, dass Hannibal dort einen ausführlichen Tatenbericht aufgestellt habe?

Der Karthager beantwortete erst die Frage des Rhodiers: Die Göttin auf der Münze sei nicht die Hera Lakinia, sondern die bei allen dortigen Griechen und Brettiern verehrte Gattin des Zeus-Jupiter. Er selbst aber habe zu Hera Lakinia gebetet als der phönizischen Astarte. Diese würde bei den Griechen zumeist mit Aphrodite gleichgesetzt, aber ebenfalls mit dem Schutz der Seefahrer in Verbindung gebracht wie die Hera von Kroton. Wegen seiner Ergebenheit dieser Göttin gegenüber sei es wieder einmal ein bösartiges Gerücht, wenn es heiße, er habe den Tempel beraubt. Von Pyrrhos gebe es die gleiche Geschichte, auch sie sei nicht wahr. Er könne sich allerdings denken, wie es zu dieser Lüge über seinen Frevel gekommen sei, denn immer, wenn eine Seuche ausbreche, suche man nach einem Verbrechen gegen eine Gottheit. Da für alles Negative in jenen Jahren ohnehin stets er verantwortlich gemacht worden sei, musste man nach einem Vergehen Hannibals suchen und sei auf keine andere Idee gekommen als frevelhafte Habgier. Dionysios unterbrach ihn mit der Frage, ob denn auch erfunden sei, dass es ein Bohrloch in der goldenen Säule gäbe, mit dem wer auch immer habe prüfen wollen, wie dick der Goldbelag sei. Er habe von Bekannten, die dort gewesen wären, gehört, der Frevler habe, als sich die Säule tatsächlich aus purem Gold erwiesen hätte, aus dem herausgebrochenen Material die Statue einer Kuh formen und diese auf der Säule aufstellen lassen. Hannibal konnte ein Lachen kaum unterdrücken: Es gebe eine goldene Säule und auch eine Kuh darauf aus Gold, aber das sei ein wunderschönes Weihgeschenk aus alter Zeit, zu dem die Statuette von Anfang an gehört haben müsste; auch sei in der Säule kein Loch.

Zu Lysias gewandt sagte er, im Heiligtum habe er damals tatsächlich einen Altar geweiht und dort, wo die Heiligkeit des Raumes – jedenfalls solange nicht Frevler am Werk wären – alles vor Zerstörung schütze, auf einer großen Bronzetafel in phönizischer und griechischer Sprache und Schrift aufschreiben lassen, was er von seinem Kriegszug gegen die Römer für erwähnenswert gehalten habe. Ihn habe dabei die Ahnung getrieben, dass, wenn er selbst nicht einen Rechenschaftsbericht hinterlasse, die kurze Freiheit der Griechen Unteritaliens in Vergessenheit geraten könnte und dass, wenn aus Karthago möglicherweise seine Abberufung erfolgen sollte, es auch für seine Landsleute einen Ort geben sollte, wo sie die Wahrheit verzeichnet finden könnten.

Karthagos Isolation

Simon ließ sich vernehmen; wenn Hannibal damals in die Heimat zurückbeordert worden wäre oder sich unter freiwilliger Aufgabe Süditaliens dorthin begeben hätte, dann wäre wohl ein Prozess unabdingbar geworden, samt voraussehbarem Urteil: Schuldspruch und Hinrichtung. Agathokritos schaute ganz ungläubig, während Lysias nickte, dann aber doch die Frage anschloss, ob Hannibal selbst damals einen konkreten Anlass gehabt hätte für derartige Befürchtungen. Der schwieg, als überraschte ihn diese Frage; dann sagte er: Seit dem Verlust Iberiens habe er damit rechnen müssen, dass diejenigen Stimmen in seiner Vaterstadt sich durchsetzten, die dafür und für den gesamten Krieg allein ihn verantwortlich machen wollten. Es sei der karthagischen Regierung, vor allem dem Rat, von Anbeginn in der Sagunt-Krise, darum gegangen, in Iberien in keinem Fall Einbußen hinnehmen zu müssen. Das sei ja neun Jahre lang gut gegangen; es seien auch immer wieder neue Truppen und Schiffe dorthin gebracht worden, jedenfalls mehr als nach Italien. Hätte er all diesen Nachschub in Italien erhalten, hätte es wohl anders ausgesehen.

Der Prinz Alexander, dem Lysias nach einigem Zögern gestattete, sich noch einmal seinen Becher mit dem köstlichen Wein füllen zu lassen, gab zu Bedenken, ob nicht, wenn alle karthagischen Kräfte in Italien massiert worden wären, auch der junge Publius Cornelius Scipio dort und nicht in Iberien zum Einsatz gekommen wäre. Hannibal hielt das für weniger wahrscheinlich: In Italien habe es trotz aller Verluste hochrangiger Senatoren immer genügend Kandidaten für das Konsulat gegeben, da hätte der junge Mann sich hinten anstellen können; auch wären dann sein Vater und sein Onkel nicht gefallen, jedenfalls nicht in Iberien. So aber habe es das Schicksal gefügt, dass Scipio unter dem überwältigenden Eindruck seiner beutereichen Rückkehr nach Rom für das folgende Jahr zum Konsul gewählt wurde und dann als Prokonsul auf Sizilien die Invasion nach Afrika vorbereiten konnte.

Wenn er es sich recht überlege, dann habe er damals in Kroton bei den Nachrichten über die weitere Karriere des Scipio genau das befürchtet: dass die Römer den bereits zu Kriegsbeginn geplanten, dann aber wegen des Erscheinens des karthagischen Heeres in Oberitalien abgeblasenen Angriff auf seine Vaterstadt nunmehr durchführen würden. Es sei zudem schnell bekannt geworden, dass der römische Konsul durch seinen Freund Laelius in Afrika schon diplomatische Vorbereitungen traf, nämlich durch Kontaktaufnahme mit Massinissa. Selbst die arglosesten Ratsherren seien damals wach geworden und hätten Aushebungen in Libyen veranlasst, anstatt immer nur die Anwerbung neuer Truppen in Ligurien und Gallien zu finanzieren. Man habe die Stadtbefestigung in Stand gesetzt, den Küstenschutz verstärkt. Dann habe man ihn, Hannibal, angewiesen, Scipios Abmarsch nach Afrika zu verhindern und endlich auch wieder einmal Soldaten, Geld und Lebensmittel an ihn geschickt, doch seien die 100 Lastschiffe nach Sardinien verschlagen worden, so dass bei ihm nichts angekommen sei. Dem Mago hätten sie, wie bereits erwähnt, gleichfalls Geld und Soldaten nach Ligurien geschickt; dabei habe der Befehl an ihn gelautet, Rom direkt anzugreifen, aber das hätten sich die Herren in Karthago allzu einfach vorgestellt. So habe der Bruder auch noch im folgenden Jahr, als Scipio bereits auf Sizilien seine Expeditionstruppen zusammenstellte, immer noch in Oberitalien mit einem Einmarsch nach Etrurien gezögert – er selbst könne nicht sagen warum, denn er habe keinen kontinuierlichen Kontakt mit ihm aufnehmen können. Er sei damals vom Konsul Publius Sempronius in Kroton angegriffen worden, so dass er bei jedem Versuch, den Aufbruch des Scipio zu verhindern, die Basis in Bruttium riskiert hätte. Es war ganz still im Raum, man hörte das leise Schnarchen des Villius und das Gähnen des Lysias. Hannibal bat um einen kurzen Augenblick Geduld, ging in die Küche um nachzuschauen, ob er seinen Gästen noch etwas zu essen anbieten könnte. Als er zurückkam, folgten ihm Diener, die vor jede Kline ein großes Tablett mit Sesamfladen, kalten Fleischbällchen, marinierten kleinen Fischchen, Zwiebeln in Mandelsoße und Oliven stellten.

Agathokritos, der offenbar auch kurz eingenickt war, schreckte hoch mit der Frage, ob Hannibal schon erklärt habe, was Scipio mit Massinissa zu schaffen gehabt hätte. Dionysios hielt ihm auf einem silbernen Spießchen Fleischbällchen unter die Nase: Er habe nichts versäumt, man käme gerade erst nach Afrika. Auch Villius erwachte wieder, griff wortlos zu den kleinen Köstlichkeiten, deutete kauend auf seinen Weinbecher und prostete, nachdem ihm Dionysios eingeschenkt hatte, den anderen Gästen mit zufriedenem Lächeln zu. Hannibal wartete noch einige Minuten, bis sich alle gestärkt hatten, und griff dann die Frage des Massilioten auf. Er erinnerte an die Beziehungen seiner Familie zu den Numiderfürsten aus dem Stammesverbund der Massylier, deren Oberster damals noch Gaia gewesen sei.

Danach skizzierte er die geografisch-politische Lage in Afrika. Im Westen des von diesen Numidern beanspruchten

Territoriums schloss dasjenige der ebenfalls numidischen Masaisylier an, deren König Syphax in seiner Hauptstadt Siga bereits im sechsten Kriegsjahr Beziehungen zu den Römern geknüpft hatte, nämlich zu den älteren Scipionen in Iberien. Die seien in ihrer militärischen Passivität nördlich des Iber an einem Bündnis mit dem Numider Syphax interessiert gewesen, als dessen Stammeskonföderation in einen Krieg mit Karthago eintrat, welcher sich an Soldproblemen der numidischen Reitertruppen entzündet hatte. Damals sei sogar ein römischer Centurio in Siga geblieben, um das Heer des Königs zu drillen. Angesichts der Gefahr aus dem Westen habe damals die karthagische Regierung erfolgreich um Waffenhilfe bei den Massyliern nachgesucht; deren König Gaia habe dann von der Vertreibung des Syphax durch Landgewinn profitiert. Nach dem Abschluss eines Friedensvertrages mit allen Beteiligten sei Massinissa, Gaias Sohn, als Reiterführer nach Iberien geschickt worden.

Als später in der Schlacht bei Baecula der Sieger, der junge Scipio, unter den gefangenen Numidern einen Neffen Massinissas antraf, einen Mann namens Massiva, schickte er ihn mit Geschenken und Empfehlungen zu seiner Truppe zurück, so dass erste Beziehungen auch zu dem anderen Numiderreich geknüpft waren. Zwei Jahre später, als die Karthager schon auf Gades zurückgedrängt waren, habe sich Scipio an Syphax erinnert und Caius Laelius nach Siga geschickt, um über ein Bündnis zu verhandeln, das es den Römern erlaubt hätte, gleich von Iberien aus nach Afrika hinüberzugehen. Aber daraus sei dann doch nichts geworden und so sei Scipio damals, im dreizehnten Jahr des Krieges, seinem fünften im Feindesland, nach Italien zurückgekehrt.

Noch bevor Hannibal weiterreden konnte, meldete sich wieder Villius zu Wort und machte zugleich seine so typische wedelnde Handbewegung: Das müsse man genauer schildern, um die Tüchtigkeit des Scipio und die Hinterhältigkeit der Karthager deutlicher herauszustellen. Es sei nämlich Syphax sehr an dem Bündnis interessiert gewesen und habe daher gebeten, dass Scipio höchstpersönlich zum Abschluss desselben zu ihm komme. Just als der Römer das auch befolgt und die nicht ungefährliche Seefahrt von Iberien nach Siga unternommen hatte, da sei auch eine karthagische Flottille aufgetaucht, habe einen vergeblichen Angriff gegen ihn geführt und sei im Hafen des Königs eingelaufen. Syphax, damals noch an den Friedensvertrag mit den Puniern gebunden, habe auch den Karthager an seinen Tisch laden müssen, um zu verhindern, dass die Schiffe seines Freundes Scipio von dessen Kriegsgegner beschlagnahmt wurden. Es habe dann mit dem ersehnten Vertrag nicht geklappt, weil der Feldherr Hasdrubal – denn das war der Ankömmling – den Numider bei seiner Lasterhaftigkeit gepackt habe: Er habe ihm seine junge, schöne Tochter zur Frau angeboten und damit Scipio ausgestochen, denn niemals hätte ein Römer eine Tochter oder Schwester einem geilen Barbaren ausgeliefert. Alexander bekam bei dieser Äußerung einen längeren Hustenanfall, wobei unklar blieb, ob er sich am Wein oder einer Olive verschluckt hatte oder ob er seine Belustigung verbergen wollte, die ihn angesichts des römischen Unverständnisses gegenüber dynastischer Politik befiel.

Als er sich wieder beruhigt hatte und dem von Dionysios sofort als Heilmittel empfohlenen Maroneier mutig zusprach, knüpfte Hannibal seinen Gesprächsfaden daran an:

Die Hochzeit des Syphax mit der Karthagerin Sophoniba sei dann ungefähr ein Jahr vor der Invasion der römischen Truppen gefeiert worden. Der König solle sogar aus alter Freundschaft den Cornelius Scipio mit einer Gesandtschaft nach Syrakus dringend davor gewarnt haben, nach Afrika überzusetzen, da die Numider fest an der Seite Karthagos kämpfen würden. Alexander hob bei diesen Worten seine Rechte, um auch einmal die Villius-Geste zu machen, doch zog er sich damit einen unwilligen Blick des Senators zu: Da gäbe es nichts vom Tisch zu wischen, denn es wäre von Scipio geradezu verrückt gewesen, hätte er auf die Umsetzung seiner Strategie verzichtet. Es sei eben unausweichlich gewesen, dass auf diese Weise auch Syphax in den Untergang getrieben wurde. So hätten es die römischen Truppen zwar mit mehreren Fronten zu tun gehabt, doch hätten sie sich zu wehren gewusst. Bis die Karthager überhaupt in der Lage gewesen wären, ihr Heer auf die Beine zu stellen, hätte Scipio bereits zahlreiche Städte erobert und den Syphax geschlagen.

Dionysios schaute ungläubig: Da hätten die Karthager seit über einem Jahr gewusst, was auf sie zukomme, wären aber nicht in der Lage gewesen, dem feindlichen Heer entgegenzutreten? Hannibal musste zugeben, dass es der Küstenwacht nicht gelungen war zu verhindern, dass die Armada mit 400 Lastschiffen und 40 Kriegsschiffen westlich der Metropole landete. Da in der Nähe Ityke lag, suchten die Römer diese Stadt als Winterlager zu gewinnen. Auch hatte er keine Erklärung dafür, dass der Feldherr Hasdrubal, Gisgos Sohn und Syphax› Schwiegervater, immer noch wochenlang brauchte, um mit seinem Heer der inzwischen von den Römern belagerten Stadt zu Hilfe zu kommen. Als dann er und auch der Numiderkönig eintrafen, habe sich Scipio von Ityke abgewandt und sein Lager am westlich gelegenen Vorgebirge aufgeschlagen. Da aber Hasdrubal und Syphax ihm mit zwei Lagern den Zugang zum Binnenland versperrten, sei seine Position nicht unbedingt Erfolg versprechend gewesen.

Den Agathokritos schienen diese Ausführungen etwas gelangweilt zu haben, denn er wartete auf eine neuerliche Erwähnung Massinissas und forderte sie schließlich ein. Hannibal ergänzte seine Darlegungen über die Rivalität zwischen Masaisyliern und Massyliern mit dem Hinweis, dass nach dem Tode Gaias und dem Wechsel des Syphax auf die Seite Karthagos die Erben des kleineren Massylierreiches sich durch die Ansprüche des Syphax aus ihren Territorien vertrieben sahen und ihrerseits den Kampf um das Ganze als Verbündete der Römer aufnahmen. Gleich nach der Ankunft Scipios habe sich schon Massinissa, der Hoffnungsträger seiner Stämme, mit etwa 2000 Reitern, im gegnerischen Lager gemeldet; auch seien die Römer bei einer ersten Reiterschlacht der unter dem Feldherrn Hanno stehenden karthagischen Kavallerie überlegen gewesen dank Massinissas taktischer Leistung; sie hätten die Stadt Salaika erobert und die reiche Beute sogleich auf nach Rom zurückfahrenden Lastschiffen dorthin transportieren lassen.

Erneut unterbrach ihn Agathokritos: Er verstehe von diesen Details nicht so viel, auch kenne er sich geografisch gar nicht aus; aber er habe von der Niederwerfung des Syphax, der Eroberung seiner neuen Residenz Cirta und dem Tod seiner Gattin Sophoniba gehört. Es gehe dazu das Gerücht um, Massinissa habe die Karthagerin eigenhändig ermordet. Kaum hatte er diese Bemerkung gemacht, applaudierte Villius, der darauf verwies, dass er in dem Jahr, in dem sich die Niederlage des Syphax ereignete, Prätor in Sizilien und daher immer recht gut über die Neuigkeiten aus Afrika informiert gewesen sei. Die Sache mit der Tochter des Karthagers Hasdrubal sei eine unglaubliche Geschichte gewesen, denn zuerst habe diese Frau den Gatten Syphax geradezu dazu getrieben, in die Kämpfe gegen die Römer einzutreten, dann habe sie, anstatt sein Schicksal als Kriegsgefangene der Sieger zu teilen, auch den jungen und naiven Massinissa mit ihren Reizen betört und ihn dazu gebracht, sie sogar zu ehelichen – noch bevor in Cirta der römische Feldherr, dem selbstverständlich jede Entscheidung über Gefangene und Beute zugekommen sei, eingetroffen war.

Scipio habe den Numider mit dem Pestweib geradezu im Hochzeitsbett vorgefunden und es habe ihn einige Mühe gekostet, den stürmischen Afrikaner davon zu überzeugen, dass diese Frau ihn lediglich auf die Seite Karthagos ziehen wollte und dass ihm die Römer daher nicht länger als Verbündeten vertrauen könnten. Schließlich habe Massinissa versprochen, Freund der Römer zu bleiben, und wenig später habe man Sophoniba vergiftet aufgefunden. Man habe dann aber keine weiteren Untersuchungen über die Herkunft des Giftes angestellt und die Sache auf sich beruhen lassen. Den Römern habe der Vorfall jedenfalls gezeigt, dass man immer mit dem eigenen Kopf der Verbündeten rechnen müsse oder besser: dass sie sonst was für krause und für Rom letztlich gefährliche Ideen haben könnten.

Dionysios, dem das angeschnittene Thema überhaupt nicht gefiel, versuchte sich über den Tod der Sophoniba lustig zu machen, indem er fragte, ob man wisse, wie sie das Gift zu sich genommen habe: gegebenenfalls in welchem Wein aufgelöst. Wie zu erwarten begann Villius wieder mit der rechten Hand imaginäre Fliegen zu vertreiben, verzichtete aber überraschend auf eine Antwort. Stattdessen prostete er Hannibal zu: Wäre damals, im Jahr nach dem Übergang Scipios nach Afrika, nicht Syphax besiegt worden und darüber größte Verzweiflung in Karthago ausgebrochen, dann hätte er, der große karthagische Feldherr, immer noch in Kroton herumsitzen müssen; so aber habe er in die Heimat zurückkehren können, ersehnt wie ein rettender Gott.

Mit diesen Worten erhob er sich von seiner Kline, leicht schwankend, ordnete seine Toga und sagte dann mit fester Stimme, die keinen Widerspruch zuließ, er wolle jetzt gehen, denn er sei etwas angestrengt von dem langen Tag. Auch würde sich sein Gefährte Publius Aelius vermutlich Sorgen machen, dass er möglicherweise doch noch in einen punischen Hinterhalt geraten sei. Die anderen Gäste quittierten den kruden Witz mit freundlichem Lachen, und Lysias fügte seinem Angebot, ihn in seiner Kutsche in sein Quartier zu geleiten, die passende Bemerkung hinzu, er brächte ihn doch lieber lebend zu seinen Truppen als in einer vom großzügigen Hannibal gestifteten Urne. Mit gewinnendem Lächeln und nachgerade herzlich bedankte sich Villius bei der Speise- und Trinkgesellschaft für die lebhafte und für ihn sehr aufschlussreiche Unterhaltung; dann ließ er sich vom Gastgeber noch zur Kalesche geleiten. Der Königsfreund erklärte, er werde wiederkommen, um Alexander abzuholen, der inständig gebeten hatte, noch bleiben zu dürfen, und versprochen hatte, keinen Tropfen Wein mehr zu trinken.

Zurück in Karthago
203–195 v. Chr.

Heimkehr und Demütigung

Die verkleinerte Runde im Hause Hannibals bedauerte den Abschied des Publius Villius Tappulus eigentlich nicht; schon zuvor hatte man seinen gelegentlichen Schlummer als angenehm empfunden. Alexander, der jüngste Sohn des Königs Antiochos, machte es sich auf dem Speisesofa bequem, das er, solange Lysias noch nicht wieder zurückkehrte, nun für sich allein hatte, während Simon aus Sidon auf dasjenige seines karthagischen Freundes wechselte. So war auf der dritten Kline mehr Platz, wo Agathokritos aus Massilia beim Zurechtstecken der Kissen deren bunt und kunstvoll bestickten Bezüge bewunderte, von deren Art er meinte, noch keine gesehen zu haben. Der Rhodier Dionysios erkannte dagegen in den luxuriösen Textilien zutreffend die für ihre ausgezeichnete Qualität berühmten karthagischen Polster und vermutete, dass es sich wohl um Stücke aus Hannibals Haushalt handelte.

Noch bevor der Gastgeber wieder zu seinen Gästen zurückkam, ergriff Simon das Wort: So einfach, wie die Situation nach Scipios Landung in Afrika geschildert worden sei, nämlich mit Blick auf Massinissa und Syphax, sei es damals in Karthago nicht gewesen. Auch sei die Aufforderung an Hannibal – ebenso wie diejenige an seinen Bruder Mago – zur Rückkehr nach Karthago nicht unmittelbar nach der Niederlage des verbündeten Numiderkönigs ergangen. Der karthagische Rat habe sich vielmehr zunächst schwer getan, seine auswärtigen Feldherren in die Heimat zu beordern. Auch seien bereits intensive Friedensverhandlungen mit den Römern im Gange gewesen, doch das wisse heute kaum mehr jemand. Vielmehr ziehe die große Schlacht bei Zama, gleichsam der Zweikampf der beiden genialen Feldherrn um den definitiven Sieg, alle Aufmerksamkeit auf sich. Für das Verständnis der Situation in Karthago einerseits und der römischen Politik andererseits seien aber gerade die Vorgänge in der Zwischenzeit, zwischen dem Eintreffen Scipios und demjenigen Hannibals in Afrika, äußerst aufschlussreich. So habe es vor der Niederlage des Syphax samt seiner Gefangennahme und sofortigen Verbringung nach Rom bereits eine schwere militärische Konfrontation beider Heere gegeben, und zwar im fruchtbaren Tal des Bagradas, etwa 75 Meilen von Karthago entfernt.

Schon zu deren Beginn sei das Heer unter Hasdrubal und Syphax nicht mehr zahlenmäßig stärker gewesen als dasjenige der Invasoren, denn es sei Scipio zuvor gelungen, sich unter hohen Verlusten für die Punier deren Sperrriegel zu durchbrechen, der ihn auf den begrenzten Platz seines Winterlagers fixiert hatte. Bereits damals habe der Römer Friedensverhandlungen zugestimmt, die vielfachen Gespräche bei dem Karthager und dem Numider jedoch vornehmlich dazu ausgenutzt, eine genaue Kenntnis der dortigen Gegebenheiten zu gewinnen. Als er dann die Gespräche überraschend abgebrochen hätte, seien in der folgenden Nacht beide Lager mit Wurfgeschossen in Brand gesetzt und in kürzester Zeit schwer verwüstet worden. Die vor dem Feuer Fliehenden seien ungeschützt in die römischen Waffen gelaufen. Nach dem verlustreichen Desaster, das Scipio zudem nutzte, um mit seinen Truppen ins Innenland abzuziehen, hätte man bestenfalls von gleicher Stärke beider Armeen sprechen können.

Inzwischen war Hannibal wieder hereingekommen; wenn Villius jetzt noch hier wäre, sagte er, dann würde er uns erzählen, dass das Entsetzliche, eine noch nie dagewesene Katastrophe, unter all den vielen Taten Scipios die großartigste und kühnste gewesen sei.

Mit einem Seufzer ließ er sich auf seiner Kline nieder und ergriff den noch halbgefüllten Weinbecher. Er fragte, ob Simon schon von der Schlacht auf den sogenannten Großen Feldern gesprochen habe, und als Alexander antwortete, davon habe man gerade beginnen wollen, ermunterte er Simon fortzufahren. Der Sidonier fasste sich kurz, berichtete von der schweren Niederlage der Karthager, die auf die Überlegenheit der römisch-numidischen Reiterei zurückzuführen war, und vergaß auch nicht das Schicksal der keltiberischen Söldnertruppe zu erwähnen, die am effizientesten gekämpft hatte, aber von den Römern unerbittlich niedergemacht wurde. Während sogleich Laelius und Massinissa dem Syphax nachgesetzt hätten, sei Scipio zur Belagerung von Ityke zurückgekehrt. Wie die Reaktionen in Karthago gewesen seien, könne besser Hannibal erzählen; der ergriff also das Wort und ergänzte zunächst, was er vom Schicksal des Feldherrn Hasdrubal, Sohn des Gisgo, wusste. Der sei zwar in die Stadt zurückgekehrt, doch sei ihm als Erstes der Oberbefehl entzogen worden. Diesen habe nun Hanno, Bomilkars Sohn, erhalten, sein Neffe und langjähriger Feldherr in Italien, der bereits drei Jahre zuvor nach Karthago zurückgekehrt war. Gemeinsam hätten beide dann einen Anschlag auf das Lager Scipios bei Ityke geplant, doch sei ein Komplott, das ein angeblicher Überläufer organisiert hatte, aufgedeckt worden und der Plan gescheitert. Daraufhin sei Hasdrubal von Hanno verleumdet und von den Behörden Karthagos zum Tode verurteilt worden. Er habe allerdings fliehen können, kurioserweise eine Privatarmee rekrutiert und mit dieser auf eigene Faust gegen die Römer gekämpft.

Indessen sei im karthagischen Rat die Wiederaufnahme von Friedensverhandlungen abgelehnt und stattdessen der Vorschlag genehmigt worden, ihn selbst und Mago nach Afrika zurückzurufen; er vermute, dass dabei die Empfehlung seines Neffen entscheidend gewesen sei. Wenig später, als ein verheißungsvoller Flottenangriff auf Ityke – unter dem Kommando des erfahrenden Admirals Hamilkar – weit hinter den Erwartungen zurückblieb, dann aber die nahe Karthago gelegene kleine Stadt Tynes von Scipio erobert und zum Standlager der Römer umfunktioniert wurde, setzten sich diejenigen Ratsherren durch, die für Verhandlungen mit dem Gegner plädierten.

Der Hafen Karthagos heute

Alexander zeigte sich überrascht: Wenn man doch gerade die Verstärkung der Truppen in Afrika durch die Heimkehr zweier Feldherren aus Italien mit keineswegs geringem Kampfpotenzial beschloss, wie konnte man dann plötzlich den Frieden wollen? Man habe sich doch nur blamieren können, denn die Römer hätten kaum ein Interesse an einem Frieden gehabt, so unmittelbar vor einer militärisch erzwungenen Aufgabe des Gegners. Simon machte die Villius-Handbewegung um zu signalisieren, dass die Römer das sicher nicht so gesehen hätten wie Alexander sich das vorstellte.

Hannibal antwortete auf den Einwand, dass das im Prinzip ganz richtig gesehen sei, denn in der Stadt selbst hätten viele ihre Hoffnungen auf eine Wende durch ihn und seinen Bruder gesetzt. Auch Scipio sei, nach allem was er in Erfahrung hätte bringen können, geradezu wild darauf gewesen, in einer Feldschlacht Hannibal gegenüberzutreten. Dass er dann doch Friedensverhandlungen aufgenommen habe, sei ein trickreiches Spiel gewesen, um die Karthager zu irritieren. Zunächst hätten die römischen Forderungen gelautet, Iberien und die Inseln zwischen Afrika und Italien aufzugeben, also den aktuellen Status quo zu akzeptieren, Gefangene und Überläufer ohne Lösegeld auszuliefern; über die Höhe der fälligen Reparationskosten sei nichts Konkretes gesagt worden. Dann habe man einen Waffenstillstand sowie die sofortige Übernahme aller Versorgungskosten für die römische Armee auf afrikanischem Boden vereinbart und eine karthagische Gesandtschaft nach Rom geschickt. Dort habe man ihnen aber mitgeteilt, dass der Senat so lange mit ihnen nicht reden werde, wie karthagische Truppen sich noch in Italien befänden. Also bewegte sich nichts, solange er selbst und Mago nicht tatsächlich abgezogen wären: eine paradoxe Situation, denn damit sei die innenpolitische Spannung zwischen denjenigen, die auf den Frieden hofften, und der ‹Kriegspartei› – bei diesem Begriff atmete er tief ein – verschärft worden.

Alexander fragte nochmals nach: Worin das ‹trickreiche Spiel› denn nun eigentlich bestanden hätte, sei ihm noch nicht klar geworden. Hannibal fuhr fort; es habe nach dem Abzug der karthagischen Heere aus Ligurien und Bruttium zunächst ein fünftägiges Dankesfest in allen Heiligtümern Roms gegeben; dann seien die Senatoren bereit gewesen, mit den Gesandten aus Afrika zu sprechen – als Feinde seien sie außerhalb der Stadt im Tempel der Kriegsgöttin Bellona empfangen worden. Die Gerüchte, die er darüber gehört habe, wolle er nicht zum Besten geben, denn der römische Versuch, die Feinde der Lächerlichkeit preiszugeben, fiele umso mehr auf sie zurück. Dionysios bat ihn, wenigstens eine Andeutung zu machen, er habe keine Probleme damit, die römischen Prahlereien als solche zu entlarven. Da auch die anderen Gäste zustimmend nickten und Alexander meinte, solange Lysias noch nicht wieder da wäre, könnten auch keine diplomatischen Komplikationen daraus erwachsen, dass man hier Negatives über die Römer höre, griff Hannibal ein Detail heraus: Es sei verbreitet worden, die Karthager hätten Frieden angeboten zum Status quo ante, also auf der Grundlage des Vertrages, mit dem der erste Krieg beendet worden war; sie hätten dabei angeblich argumentiert, der ganze Krieg, den man seit 17 Jahren führte, wäre insofern ein Missverständnis, als die Schuld allein bei Hannibal läge; außerdem hätten die Punier nur ganz junge Leute nach Rom geschickt – das allein schon wäre, wenn es gestimmt hätte, eine Beleidigung des Verhandlungspartners gewesen.

Das Ganze sei erlogen: Gesprächsthema sei allein der mit Scipio ausgearbeitete Entwurf gewesen. Für glaubhaft halte er dagegen, dass nach jenem Treffen die Senatoren mehrheitlich für die Fortsetzung des Krieges eingetreten wären; jedenfalls seien dann erst einmal Gesandte zu Scipio geschickt worden, um seine Meinung dazu zu erfragen, denn es hatte ja den Anschein, als sei er um jeden Preis am Friedensschluss zu den vorliegenden Konditionen interessiert. Und der erste Trick – Hannibal wandte sich zu Alexander – sei gewesen, dass der römische Feldherr immer noch so tat, als widerspräche er vehement einer Fortsetzung des Krieges; es sei ihm offenbar in erster Linie darum gegangen, dass kein anderer den Oberbefehl erhalte. Gegen die Absicht des Senats, einen Frieden abzulehnen, habe sich dann auf Betreiben der Freunde Scipios in Rom und der Volkstribune die Volksversammlung für Frieden ausgesprochen. Nach weiteren internen Beratungen habe man den Vertragsentwurf abgeändert: zusätzlich sei nun die Abrüstung der Kriegsflotte auf nur noch 30 Schiffe und die Zahlung von 5000 Talenten gefordert worden. Danach habe man die karthagischen Gesandten heimgeschickt, damit sie von ihrer Regierung Zustimmung und Beeidung einholten. Gleichzeitig seien römische Boten zu Scipio gereist.

Agathokritos war nun ganz irritiert: Woran sei denn dann noch der Friedensschluss gescheitert, wenn man schon einmal so weit gewesen wäre? Hannibal wies wieder auf Alexander und sagte, jetzt komme der zweite Trick. Da zu erwarten war, dass in Karthago die verschärften Vertragsbedingungen eine neue Diskussion im Rat auslösen würde, suchte Scipio die vorhersehbaren Spannungen durch eine perfide Provokation zu verschärfen. Er schickte

Gesandte in die Stadt mit der Behauptung, die Feinde hätten den Waffenstillstand gebrochen, indem sie einige schiffbrüchige Lastkähne am nicht fernen Meeresstrand östlich von Karthago geplündert hätten. Dionysios fragte, wie das zu verstehen sei und was das nach dem Völker- oder auch Kriegsrecht bedeutet hätte.

Während Hannibal in der Küche noch einmal den Auftrag erteilte, etwas zum Essen zu bereiten, gab Simon die Antwort: Da die verunglückten Schiffe von ihren Mannschaften bereits verlassen gewesen seien, als die ‹Plünderer› dort ankamen und sich des herrenlosen Strandgutes bemächtigten, hätten sich die Karthager korrekt verhalten, der Waffenstillstand sei nicht gebrochen worden, denn es habe keinen gewaltsamen Übergriff gegeben. Beruhigt lehnte sich der Rhodier zurück, wedelte aber mit der rechten Hand, was Agathokritos sogleich fröhlich erwiderte. Hannibal kehrte indessen auf seinen Platz zurück und knüpfte an das Stichwort ‹Völkerrecht› an. Die Diskussion im Rat sei dann tatsächlich auf die Ablehnung der verschärften Friedensbedingungen hinausgelaufen – unter dem Beifall derjenigen, die ihre Hoffnungen auf ihn, ihren inzwischen in der Kleinen Syrte gelandeten ruhmreichen Feldherrn, setzten – und man habe diese Entscheidung zur Fortsetzung des Krieges formgerecht im Lager Scipios mitgeteilt.

Zama

Simon interpretierte die finstere Miene Alexanders als Verständnislosigkeit und bat Hannibal, nochmals zu erklären, worin denn nun die Perfidie der Römer bestanden habe.

Hannibal gab zu, dass auf beiden Seiten die Friedensverhandlungen nicht mit der notwendigen Ehrlichkeit geführt worden seien; die Initiative sei jedoch von Publius Cornelius Scipio ausgegangen, denn wenn der nicht den ‹Tauben› in der karthagischen Regierung gezielt falsche Hoffnung gemacht hätte, wäre es zu keiner Gesandtschaft nach Rom, zu keinen Verzögerungen – freilich auch zu keinem Waffenstillstand – gekommen. Die Karthager hätten auf diese Weise Zeit für Rüstungsmaßnahmen verloren, die sie umso notwendiger hätten nutzen müssen, als er, Hannibal, bei seiner Ankunft im Osten des karthagischen Territorium, in Leptis Minor, kein einsatzbereites Heer vorgefunden habe. Er habe erst – inzwischen nach Adrymes gezogen – nach der Entscheidung des Rates über die Fortsetzung des Krieges damit beginnen können, die Truppen seines Bruders Mago mit seinen eigenen zu einer brauchbaren Truppe zusammenzufassen, dazu die neuen Söldner – Kelten, Ligurer, Balearen, Mauren und Griechen sowohl aus Unteritalien wie von den Anwerbungsplätzen auf der Peloponnes. Außerdem habe er sich gegen große Widerstände in Karthago nur mühsam mit seiner Forderung durchgesetzt, den zum Tode verurteilten und flüchtigen Hasdrubal zu begnadigen, um ihn und seine kampftüchtige Privatarmee ebenfalls für die kommende Konfrontation mit Scipio an seiner Seite zu haben.

Agathokritos hatte bei der wiederholten Nennung des Namens Mago aufgehorcht; jetzt erkundigte er sich, ob es stimme, dass der Bruder Hannibals damals gar nicht in Karthago eingetroffen sei. Zur Antwort erhielt er zunächst ein stummes Nicken, dann leerte Hannibal seinen Becher, hielt ihn zum Auffüllen einem Diener hin. Die Sache mit Mago sei irgendwie rätselhaft, aber nicht so, wie man zunächst meinen könnte; er selbst kenne die Gerüchte, Mago sei gar nicht tot, sondern lebe noch irgendwo im Ligurerland und warte nur darauf, dass ein neuer Krieg gegen Rom beginne. Seiner Kenntnis nach sei jener tot, und zwar tatsächlich seit seiner Rückfahrt nach Karthago, wo er nie angekommen sei. Rätselhaft sei für ihn die Geschichte deswegen, weil er der offiziellen Version nicht glauben könne, dass sein Bruder an einer Oberschenkelverletzung aus seinem letzten Kampf in Oberitalien gestorben sei, auf dem Schiff und in der Nähe von Sardinien. Er habe nämlich die zuverlässige Information, dass einige Schiffe, darunter seines, auf der Höhe des südlichen Kyrnos von einer römischen Flotte zur Landung im Hafen von Olbia gezwungen worden sei; als diese einige Tage später bei Karthago eintrafen, habe es geheißen, Mago sei an Land gestorben und dort bestattet worden. Außer dem Bruder selbst habe seine Leibwache sowie eine Anzahl von Soldaten gefehlt, die sich immer in seiner Nähe aufgehalten hätten. Nun könne er sich des Verdachts nicht erwehren, dass Mago nicht ohne römische Nachhilfe gestorben sei und dass die verschwundenen Leute in römischer Kriegsgefangenschaft wären – bestenfalls.

Indessen kehrte Lysias zurück und fragte, ob schon die Schlacht bei Zama geschlagen worden sei; Hannibal begrüßte ihn mit der Zusicherung, dass dieser letzte Akt des langen Krieges jetzt unmittelbar bevorstehe, dass er aber nicht die Absicht habe, Details zu erzählen.

Er sei im Frühjahr nach seiner Rückkehr nach Afrika, also im siebzehnten Jahr des Krieges, während des Exerzierens mit seinem neuen Heer immer wieder aus der Hauptstadt angewiesen worden, endlich gegen Scipio zu marschieren, der inzwischen das fruchtbare Hinterland plünderte und alle Siedlungen zerstörte. Im Herbst sei er schließlich von Adrymes landeinwärts gezogen und auf einer Hochebene auf die Römer getroffen. Sein eigenes Heer sei an Fußtruppen weit überlegen gewesen, auch habe er auf seine 80 Elefanten gesetzt, eine Waffe, wie sie ihm bisher noch nie zur Verfügung gestanden hätte. Scipio habe allerdings genau in diesem Punkt seine Taktik vereitelt und durch eine neuartige Aufstellung seiner Manipel äußerst geschickt die Tiere ins Leere laufen lassen, so dass letztlich doch die römisch-numidische Reiterei mit ihrer numidischen Überlegenheit den Ausschlag gegeben habe, auch hätten sich die kampferprobten Legionäre gegen seine eigenen karthagisch-libyschen Schwerbewaffneten wie befürchtet durchgesetzt. Es habe auch nichts mehr genützt, dass er – wie übrigens auch Scipio – sein Heer neu ordnete, nachdem die ersten beiden Angriffswellen abgeschlossen waren; er sei von der Reiterei Massinissas, die überraschend von der Verfolgung der Fliehenden zurückgekehrt sei, im Rücken angegriffen worden. Da habe er gewusst, dass der Sieg dem Gegner nicht mehr zu nehmen war und dass die Römer auf ein gnadenloses Gemetzel nicht verzichten würden; er sei mit wenigen Gefolgsleuten geflohen und nach zwei erschöpfenden Tagen zu Pferd nach Adrymes gelangt, wohin dann auch die Reste des geschlagenen Heeres gefolgt seien – nur noch rund 5000 Mann, kaum mehr als ein Zehntel seiner Armee.

In das Schweigen der Männer, die das Gehörte überdachten, fragte Lysias mit einem überraschend scharfen Unterton, was wohl gewesen wäre, wenn Hannibal bei Zama gesiegt hätte. Der Karthager antwortete unumwunden, dann wären die Friedensbedingungen wohl etwas günstiger ausgefallen. Das habe er auch dem Rat seiner Vaterstadt erklärt, der ihn zur Stellungnahme herbeizitierte; da Scipio, seinerseits an die Küste Ityke zurückmarschiert, sogleich eine Verstärkung seiner Flotte sowie Rüstungsgüter auf 100 Lastschiffen vorgefunden habe, sei unmittelbar mit einer Belagerung der Stadt zu Land und zur See durch die Feinde zu rechnen gewesen. Daher habe es keine Alternative zur Akzeptanz des römischen Diktatfriedens gegeben. Der Inhalt des Abkommens sei den Anwesenden hinreichend bekannt; in Ergänzung der bei der früheren Verhandlungsrunde von Rom erhobenen Forderungen sei vor allem der künftige Verzicht auf alle Elefanten, die Reduzierung der Kriegsflotte auf 10 Schiffe für den unmittelbaren Küstenschutz und die Verdoppelung der Kriegsentschädigung auf 10 000 Talente, zahlbar in 50 Jahresraten, hinzugekommen.

Gemälde von Henri Motte (Endes des 19. Jahrhunderts):
Die Schlacht bei Zama

Am schwersten habe es die Karthager getroffen, dass sie künftig als Bundesgenossen der Römer zu deren Kriegführung gegen wen auch immer herangezogen werden könnten – was bisher noch nicht nötig geworden sei – und dass sie selbstständig nie mehr Krieg außerhalb ihres Landes führen dürften, gegen einen Feind auf afrikanischem Boden nur mit römischer Genehmigung. Das klinge zunächst nicht dramatisch, da sie als römische Bundesgenossen darauf hoffen könnte, im Ernstfall von jenen verteidigt zu werden. Als Ergebnis des Krieges habe allerdings der Numiderkönig Massinissa als besonderer Freund Roms neben weitreichenden territorialen Gewinnen auch das Zugeständnis erhalten, dass Karthago alle Gebiete, auf die er im Namen auch seiner Vorfahren noch berechtigte Ansprüche gelten machen könnte, ebenfalls abzutreten hätte. Wenn man das einmal nüchtern bedenke, dann müsse man fürchten, dass noch einiges an Unwägbarkeiten auf seine Vaterstadt zukäme.

Nach einer Pause, die niemand unterbrach, setzte er seinen Bericht fort. Es habe dann immer noch Monate und bis ins folgende Jahr gedauert, bis in Rom selbst dem Friedensvertrag zugestimmt wurde; es habe nach seinen Informationen einige unschöne Querelen unter den Herren Konsuln und Senatoren gegeben, ob denn die vorgesehenen Maßnahmen zur dauerhaften Kleinhaltung Karthagos hinreichen würden. Es sei schließlich eine zehnköpfige Senatskommission nach Afrika gekommen, so ähnlich, wie sie auch kürzlich nach dem Sieg der Römer über Philipp V. von Makedonien ihre Nasen noch einmal in alles habe hineinstecken dürfen. Endlich hätte auch der römische Fetialpriester, mit seinen Gehilfen eigens angereist, das altertümliche Zeremoniell durchgeführt und den Frieden beschworen. Grausam sei es im Anschluss an diese Formalitäten allerdings gewesen, dem Abtransport der auszuliefernden gefangenen Sklaven und Überläufern zuzusehen, das seien mehrere tausend Mann gewesen. An das für die Römer hingegen offenbar erhebende Schauspiel, zu dem sie die Bevölkerung Karthagos als Publikum gleichsam gezwungen hätten teilzunehmen, nämlich das Abbrennen der Kriegsflotte vor der Küste, daran wolle er sich möglichst nicht erinnern; das schreckliche Bild raube ihm immer wieder im Schlaf – auch nach acht Jahren noch.

Reformen und Intrigen

Alexander fragte nach der Erlaubnis, eine vielleicht peinliche Frage stellen zu dürfen: Warum wohl die Römer nicht die Auslieferung des Feldherrn Hannibal verlangt hätten, wenn sie doch der Meinung gewesen wären, er sei im Wesentlichen Schuld an dem ganzen Krieg gewesen. Der Gefragte sagte, dass er sich darüber nie Gedanken gemacht hätte; seines Wissens gäbe es auch kein Beispiel in der Geschichte, dass ein Staat einen seiner hohen Repräsentanten ausliefern, ihn also gleichsam in Kriegsgefangenschaft geben müsste. Wäre er etwa bei der einzigen Schlacht, die er je verloren hätte, in römische Kriegsgefangenschaft geraten, dann wäre er wohl im Triumphzug des Scipio einhergeführt und anschließend umgebracht worden, so wie der Numider Syphax. Plötzlich lachte er auf: Weder einem Scipio sei eine derartige Idee gekommen noch den anderen ‹Falken› im Senat – vielleicht hätte man das in Rom inzwischen bedauert.

Während Alexander mit Lysias leise diskutierte, ob ihnen ein Feldherr einfiele, der von seinem Staat jemals an den Sieger ausgeliefert worden sei, fragte Agathokritos den Karthager, was für ein Leben er nach dem Friedensvertrag geführt habe – so plötzlich jeglicher entscheidenden Kommandogewalt beraubt. Wieder lachte Hannibal; er habe einen gleitenden Übergang in eine Art Ruhestand erlebt, denn zunächst sei er bei der Wahl des Feldherrn für das folgende Jahr in seinem Amt bestätigt worden. Freilich habe es da nicht mehr viel zu kommandieren gegeben, doch hätte er für die Garnisonen in den Städten im karthagischen Binnenland sorgen müssen, wo Scipio gehaust hätte und wo von dem Nachbarn Massinissa auch der eine oder andere Angriff zu erwarten gewesen sei. Im zweiten Jahr nach dem Friedensschluss habe er sich aber seinem ererbten Landgut in der Nähe von Acholla zugewandt und sich bemüht, das Anwesen zu sanieren; er selbst habe wie jeder andere Bürger Abgaben von seinem Grundbesitz oder Gewerbe zahlen müssen, als Angehöriger der Aristokratie mit großen Ländereien natürlich ziemlich viel. Er habe zunächst einmal in Olivenplantagen investiert – gleichzeitig unterbrachen ihn Agathokritos und Dionysios, die ganz unterschiedliche Fragen hatten. Der Rhodier war schneller und sagte, er habe gehört, Hannibal habe seine Soldaten immer sinnvoll zu beschäftigen gewusst, und in Afrika, als keine Kriegführung mehr zu erwarten stand, hätte er seine Leute zum Anpflanzen von Ölbäumen abkommandiert.

Während Alexander glucksend lachte, schüttelte der Karthager nur den Kopf: von wegen ‹keine Kriegführung› – es habe die Garnisonen, die Festungen und nicht zuletzt die winzige Flotte gegeben, aber auch all das habe man auf Vordermann bringen und halten müssen. Jetzt war die Reihe an Agathokritos, der das Gerücht zu Gehör brachte, Hannibal sei deswegen aus dem Strategenamt ausgeschieden, weil die Römer das von der karthagischen Regierung verlangt hätten.

Hannibal verneinte die Frage. Das sei genauso falsch wie die Geschichte, auf die er kürzlich einmal angesprochen worden sei: dass er angeklagt gewesen wäre vor dem Staatsgerichtshof und nur dank einer guten Verteidigungsstrategie und der Hilfe seiner Freunde freigesprochen worden wäre. Diesem Gerücht zufolge sei ihm zum einen vorgeworfen worden, dass er absichtlich darauf verzichtet hätte, den Krieg durch die schnelle Eroberung von Rom nach seinem Sieg bei Cannae zu beenden, zum anderen hätte man ihn der Unterschlagung von Beute beschuldigt. Aber er könne ihnen versichern, dass das alles erfunden sei. Er habe sich damals aus Karthago zurückgezogen, weil er eine Zeit gebraucht habe, um sich in das Leben außerhalb des Feldlagers einzugewöhnen, denn es sei ihm durchaus schwergefallen, sich anzupassen. Dazu gäbe es auch eine Geschichte, aber die sei sogar authentisch, obwohl er heute, nach all den Jahren Abstand, am liebsten nicht glauben wollte, dass er sich einmal so habe gehen lassen.

Als Oberkommandierender habe er der Versammlung angehört, vor der die Gesandten, die im römischen Lager gewesen waren, das Friedensdiktat Scipios referierten. Natürlich habe sich Verzweiflung breit gemacht, doch dann sei ein alter Ratsherr aufgestanden, ein gewisser Gisgo, und habe gesagt, so einen Vertrag könne man nicht akzeptieren, man müsse die Ehre des Vaterlandes verteidigen bis zum letzten Tropfen Blut; da habe er, der Feldherr, ihn unsanft am Arm gepackt und zum Niedersitzen gezwungen und so die ihm unpassend erscheinende Meinungsbekundung unterdrückt. Das habe sogleich ein Geschrei bei allen Anwesenden gegeben und er habe nur mit Mühe klarmachen können, dass er nicht aus vaterlandsloser Gesinnung für den Frieden sei, sondern weil es keine Alternative gebe. Er habe sich freilich bei Gisgo und allen anderen Ratsherren für sein rüdes Verhalten entschuldigen müssen; tatsächlich habe er erkannt, dass er den sogenannten zivilen Umgangston noch lernen müsse, denn seit seinem neunten Lebensjahr hätte er nicht viel anderes als Feldlager und Soldaten um sich gehabt.

Überhaupt sei die Stimmung in Karthago und im Kreis der Ratsherren sowie des elitären Staatsgerichtshofes für ihn oft unverständlich gewesen. Noch vor dem Friedensschluss habe er mit Schrecken miterleben müssen, wie sein Amtskollege und Neffe Hanno erneut den Hasdrubal verleumdet habe wegen Feigheit in der Schlacht gegen Scipio. Das habe den schon einmal zum Tode verurteilten und nur durch seine, Hannibals, Fürsprache begnadigten Mann so erschüttert, dass er sich am Grab seines Vaters Gisgo das Leben genommen habe. Einmal sei er auch mit jenem anderen, damals sehr einflussreichen Hasdrubal, beigenannt ‹der Bock›, aneinander geraten. Jener habe sich zwar um die Friedensverhandlungen äußerst verdient gemacht, später aber am lautesten gejammert, als es an das Aufbringen der ersten Rate der Reparationszahlungen an Rom, immerhin zweihundert Talente Silber, gegangen sei. Er habe ihm direkt ins Gesicht gesagt, es wäre besser und ehrlicher gewesen, wenn er damals geweint hätte, als Karthago die Waffen, die Schiffe und die außenpolitische Handlungsfreiheit genommen wurden, aber nicht jetzt, wo es nur um Geld ginge. Freilich habe er verstehen können, dass dem alten Knauser die Abgabe aus seinem Privatbesitz wehtat, denn da seien die Probleme des Staates infolge des Friedensschlusses in seinem Geldbeutel angekommen – aber er habe doch das Barmen eines der reichsten Männer Karthagos für zutiefst unwürdig gehalten.

Dionysios, der Mann für das Praktische und gewieft in Geldangelegenheiten, fragte nun gleich danach, wie die Karthager es hinbekommen hätten, die jährlichen zweihundert Talente in Rom abzuliefern. Hannibal schaute ihn mit undurchdringlicher Miene an: So wie überall auf der Welt und immer in der Geschichte – durch die Erhebung des Geldes dort, wo der Widerstand am geringsten sei, bei den vielen kleinen Leuten, die sich nicht mittels Seilschaften und Bestechung wehren könnten.

Ob der Rhodier von dem Eklat gehört habe, den es bei der Ablieferung der ersten Rate gegeben habe? Da sei die karthagische Gesandtschaft, angeführt von dem besagten ‹Bock›, der sich so viel auf seine guten Beziehungen zu bestimmten Senatoren zugute gehalten habe, am Tiber eingetroffen. Und da hätten die Quästoren erst in aller Ruhe nachgewogen und auch eine Reinheitsprobe gemacht – mit dem peinlichen Ergebnis, dass wegen der Unreinheit des Silbers ein Viertel, also 50 Talente, als fehlend verbucht wurde. Zumindest angeblich, denn er halte die Römer schon immer für ausgemachte Schlitzohren. In der damaligen Situation hätten die Gesandten auf der Stelle die fehlende Summe bei römischen Bankiers leihen müssen – also umgerechnet 5000 Pfund. Mit dieser Anekdote beeindruckte Hannibal den Rhodier, denn er versank für eine Weile in den Polstern und es schien, als rechne er die Summe in die verschiedenen ihm geläufigen griechischen Währungen um.

Aus der Küche wurden indessen noch einmal Tabletts mit Sesamfladen, Oliven und Käse geliefert; die Gäste ließen sich nicht zweimal bitten, während ein Diener das Mischgefäß mit dem Rest der von Dionysios gestifteten Maroneier-Kanne auffüllte. Lysias forderte Hannibal auf, auch von seiner Tätigkeit als aktiver Politiker in Karthago zu berichten; soweit er wisse, habe er seine Flucht aus Afrika angetreten als Inhaber des höchsten Amtes. Er fügte die Bitte an, zunächst überhaupt ihnen als Griechen zu erläutern, wie es derzeit dort um die einzelnen Institutionen stehe – es habe vielleicht nicht jeder der Gäste die Ausführungen des großen Staatsphilosophen Aristoteles zur Verfassung Karthagos zur Hand und vielleicht sei es heutzutage auch nicht mehr wie vor etwa einhundertfünfzig Jahren. Hannibal machte es sich auf seiner Kline bequem, überlegte kurz und begann dann mit einer Skizze der wichtigsten politischen Organe seiner Vaterstadt, die seiner Ansicht nach im Prinzip genauso aufgebaut wäre wie jeder andere Stadtstaat bei den Griechen oder auch Italikern: Volksversammlung, Rat, Oberbeamten, Gerichtswesen.

In der Volksversammlung hätten alle Inhaber des Bürgerrechts Stimmrecht; abzustimmen hätten sie bei der Wahl der Feldherren, der Oberbeamten, der auf Lebenszeit bestellten Ratsherren sowie in besonderen Fällen, auf die er noch zu sprechen kommen werde. Die politischen Entscheidungen lägen indessen beim Rat, einer Versammlung von 300 Männern, aus deren Kreis ein dreißigköpfiges Gremium als geschäftsführender Ausschuss den Oberbeamten beratend zur Seite stünde. Unter diesen Beamten, die mit verschiedenen spezialisierten Aufgaben betraut wären, beispielsweise dem Finanz- und Abgabenwesen, hätten die Oberaufsicht die zwei Sufeten; ihnen käme eine große Machtfülle zu, früher hätte man sie auch Könige genannt, es gäbe gewisse Parallelen zu den Konsuln der Römer, nur dass die Sufeten keine militärische Befehlsgewalt hätten. Die Bezeichnung Sufet leite sich vom Rechtsprechen ab, so dass es nicht verwundere, dass in Karthago die Sufeten auch mit der Gesetzgebung zu tun hätten, zumeist – und in der Regierungspraxis zweckmäßigerweise – unterstützt vom Rat oder dessen Ausschuss. Wenn eine einstimmige Entscheidung zwischen Rat und Sufeten in irgendeiner Sache nicht möglich sei, dann komme die Volksversammlung ins Spiel, die dann das letzte Votum habe; das gelte auch, wenn einer der beiden Sufeten einer anderen Ansicht sei als sein Kollege mitsamt dem Rat, dann könne er nämlich einen eigenen Antrag vor die Volksversammlung bringen. Schließlich der Gerichtshof, der seinen Namen nach den Einhundertundvier Mitgliedern habe. Früher – bei diesem Wort lächelte Hannibal maliziös – habe ein fünfköpfiges Wahlmännergremium aus dem Kreis der Einhundertundvier über die Nachwahl in diesen Staatsgerichtshof befunden, denn die Mitgliedschaft war lebenslang und daher wurde ein neues Mitglied nur gewählt, wenn ein anderes verstorben war. Wählbar seien nur Ratsherren gewesen, so dass etwa ein Drittel des Rates den Gerichtshof bildete. Die Kompetenzen dieser Institution seien sehr weitreichend, vor allem obläge ihr die Beamtenkontrolle einschließlich der Überprüfung der Feldherren und ihrer Rechenschaftsberichte.

Hannibal unterbrach seinen Redefluss, um sich mit einem kräftigen Schluck Wein und einer Handvoll Oliven zu stärken. Dann fuhr er fort mit einem Überblick über die politischen Gruppen in Karthago. Dabei hob er hervor, dass es seit dem Ende des ersten Krieges zwischen Rom und seiner Vaterstadt zur Formierung zweier größerer miteinander rivalisierender Gruppen gekommen sei. Deren eine habe sich damals um Hanno, den innenpolitischen Widersacher seines Vaters Hamilkar Barkas, gesammelt, die andere eben um Hamilkar. Dieser Zwist würde nun gleichsam vererbt, so dass er als Sohn des Barkas in Karthago von einer Vielzahl von Leuten, die mit seiner Sippe entweder nur sehr lose verbunden oder gar nicht verwandt wären, aufgefordert worden sei, ihre Interessen zu vertreten. Diese Interessen hätten nichts oder doch nicht zwingend etwas zu tun mit dem sozialen Status oder dem Gewerbe, das die jeweiligen Anhänger betrieben. In jeder Gruppierung gäbe es Reiche und Arme, Landbesitzer und Händler, Bauern und Handwerker.

Auch sei eine Vorstellung unzutreffend, der er oftmals außerhalb Karthagos begegne – und von der er auch schon früher in Iberien und Italien gehört habe –, nämlich dass die einen für den Krieg und die anderen für den Frieden wären, die einen für den Ausbau der karthagischen Seemacht und der überseeischen Gebiete, die anderen für den Ausbau der Herrschaft in Afrika.

Was man allerdings seit dem zweiten Krieg mit Rom – und zwar offenbar seit dessen Ausbruch, nicht erst seit dessen fatalem Ende – feststellen müsse, das sei die Überlagerung der bisherigen jeweils unterschiedlichen Interessenmischung mit einer Positionierung für oder gegen Rom.

So habe es sich ganz ohne sein eigenes Zutun innerhalb weniger Jahre eine Polarisierung ergeben mit den Anhängern der sogenannten Hannonischen Positionen und einer eher romfreundlichen Haltung auf der einen Seite und den Anhängern der sogenannten Barkidischen Positionen mit einer eher romkritischen Haltung auf der anderen Seite. Er sei logischerweise der Exponent der Barkiden, der vorhin erwähnte Hasdrubal ‹der Bock› derjenige der Gegenseite. Da es seit dem Frieden mit Rom eigentlich auch gar nicht mehr darum ginge, irgendetwas gegen die ehemaligen Feinde zu unternehmen, spiele sich das politische Tagesgeschäft mit dem kleinlichen Hickhack im Bereich der Erfüllung der Pflichten gegenüber der neuen Großmacht ab. Jede Seite versuche, die Lasten der Pflichterfüllung auf die anderen abzuwälzen, vor allem die finanziellen Lasten. Darunter würden alle Anhänger der Barkiden leiden, denn ihre Gegner, die sich den Römern als ihre speziellen Freunde präsentierten, säßen am längeren Hebel bei der Eintreibung der Abgaben beispielsweise. Da ginge es um Bestechung und Begünstigung im großen Stil, auch kleine Leute, sofern sie bei den Hannoniden engagiert seien, würden entlastet auf Kosten derjenigen, denen der Ruch der Römerfeindschaft anhinge.

Wieder nahm Hannibal den Weinbecher, trank ausgiebig und fuhr dann fort: Diese Situation habe er zwei Jahre von seinem Landgut aus beobachtet; er habe in ständigem Kontakt gestanden mit allen möglichen Leuten, großen und kleinen. Er sei ja auch Ratsmitglied gewesen, dazu habe man in der Stadt nicht präsent sein müssen. Schließlich habe er sich überreden lassen, für das Amt des Sufeten zu kandidieren; er habe es als seine Pflicht denen gegenüber angesehen, die als Anhänger der Barkiden seine Familie und ihn auch in den schweren Jahren des Krieges immer unterstützt hätten. Sie seien es gewesen, die für die Bereitstellung neuer Truppen, Schiffe, Rüstungsgüter oder einfach nur Geld gestimmt hätten, wenn es bei Meinungsverschiedenheiten zwischen Rat und Sufeten in der Volksversammlung darum gegangen wäre, die Fronten in Iberien, Italien oder auch Sizilien zu stärken.

Dann sei er tatsächlich zum Sufeten gewählt worden; sein Amtskollege sei ein gewisser Bostar gewesen, Sohn desjenigen Gisgo, den er seinerzeit hart angefahren hätte. Er habe sich mit ihm nie gut verstanden, weil gerade dessen Vater immer wieder behauptete, Hannibal hätte in Italien mehr erreichen können, wenn er nur gewollt hätte. Schließlich sei Bostar von den Gegnern regelrecht gekauft und eingewickelt worden. Daher habe er voraussehen können, dass bei Meinungsverschiedenheiten zwischen ihm und dem Kollegen keine Einstimmigkeit mit dem Rat erreichbar wäre, so dass die Entscheidung immer wieder der Volksversammlung hätte vorgelegt werden müssen.

Hannibal wandte sich an Agathokritos, der seinen Ausführungen etwas gelangweilt zugehört hatte: Was in Massilia ein Oberbeamter machen würde, wenn ein untergeordneter Finanzbeamter der Aufforderung, die Rechnungsbücher vorzulegen, nicht nachkäme? Der Gefragte überlegte kurz und sagte, der müsste mit einer Beschwerde und einer Verurteilung nach Ablauf seines Amtsjahres rechnen. Dann wollte er von Dionysios wissen, wie das wohl in Rhodos wäre. Die Antwort lautete ungefähr gleich: Im Augenblick könnte der Oberbeamte nichts gegen den Unbotmäßigen unternehmen, allenfalls vor der Volksversammlung umgehend ein Amtsenthebungsverfahren einleiten. Hannibal war zufrieden, fragte aber weiter: Unter welchen Umständen sich ein Amtsinhaber nach Ablauf seines Dienstjahres einem Rechenschaftsverfahren entziehen könnte. Beide Griechen antworteten, unter keinen verfassungsmäßigen, außer durch Flucht ins Ausland. Er forderte sie daraufhin auf, sich vorzustellen, dass in Karthago jemand seine Rechenschaftspflicht ungestraft ignorieren konnte, wenn er sicher sein konnte, direkt im Anschluss an sein Amtsjahr auf Lebenszeit in den Gerichtshof der Einhundertundvier gewählt zu werden. Alle Zuhörer schüttelten überrascht den Kopf.

Daher, fuhr Hannibal fort, habe er in Karthago eine kleine Revolution von oben angestiftet, als ein Finanzbeamter sich weigerte, ihm als Sufeten die Rechnungsbücher mit den tatsächlich eingezogenen Abgaben der vergangenen Jahre vorzulegen. Zunächst habe er seiner Kompetenz gemäß den Menschen – es sei zu allem Übel auch noch ein Schwiegersohn des ‹Bockes› Hasdrubal gewesen – in der Volksversammlung wegen Befehlsverweigerung angeklagt; tatsächlich sei der Mann aus seinem Amt entfernt worden und habe auch keine Chancen mehr gehabt, in den Staatsgerichtshof gewählt zu werden, weil dazu ein makelloser Lebenslauf die Voraussetzung gewesen wäre. Die kleine Revolution habe darin bestanden, im Dissens mit dem Rat und dem Kollegen Bostar einen Gesetzesantrag vorzulegen, der die Wahl zum Gerichtshof neu regelte; durch die Mehrheit in der Volksversammlung sei der Antrag dann genehmigt worden: Nicht mehr das Fünfergremium aus dem Kreis der Hundertundvier selbst dürfe seither über die neuen Mitglieder bestimmen, sondern die Volksversammlung. Dabei würden nach wie vor nur Ratsherren wählbar sein. Das sei für ihn ein großer Erfolg gewesen. Er habe einige Zeit mit dem Gedanken gespielt, eine weitere, geradezu spektakuläre Neuerung einzuführen, nämlich die Abschaffung der Lebenslänglichkeit der Gerichtshofsmitglieder; darauf habe er aber verzichtet, um sich nicht als Tyrann, der die alte Verfassung außer Kraft setze, in Lebensgefahr zu bringen. Drohungen gegen ihn habe es auch schon nach der bescheidenen Änderung des Wahlmodus gegeben.

Dionysios räusperte sich: er könne sich jetzt denken, warum Hannibal noch in seinem Sufetenamtsjahr als Flüchtling habe Karthago verlassen müssen. Wäre die Geschichte, die er da eben erzählt habe, in Rhodos passiert oder Milet oder Athen, dann würde er ebenfalls vermuten, dass sich die gegnerische Gruppierung etwas einfallen ließe, um den missliebigen Oberbeamten ein für alle Mal loszuwerden. Irgendetwas fände sich immer, es würde reichen, plausible Verdächtigungen zu lancieren. Obgleich Agathokritos dazu nickte, schien Hannibal etwas verblüfft, hatte er doch gedacht, sein Schicksal sei ganz einzigartig und nur die Karthager wären so verschlagene, missgünstige Mitbürger – offenbar hatte er in Sachen Realpolitik noch nicht ausgelernt.

Lysias prostete ihm indessen zu; als er die Vermutung äußerte, dass sogar er die Geschichte richtig weitererzählen könnte, wenn er die Lehren aus dem Gehörten zöge, ermunterte ihn Hannibal, seine Version zu präsentieren. Der Königsfreund rekonstruierte die Rahmenbedingungen: Die Gegner hätten sich vermutlich hinter Rom gesteckt oder besser: versteckt. Man hätte eine Beschwerde finden und den Römern plausibel machen müssen, um deren Reaktion auf Hannibal zu lenken. Die Herren am Tiber würden wohl am empfindlichsten darauf reagieren, wenn man ihnen etwas von einer Verschwörung gegen ihre Herrschaft oder gegen die von ihnen im Namen eines segensreichen Friedens errichtete Ordnung erzählte. Daher sei es klar, dass die Karthager beste Aussicht auf Erfolg ihres Anliegens in Rom gehabt hätten, wenn sie behaupteten, Hannibal konspiriere mit demjenigen, von dem die Senatoren ohnehin einen Krieg erwarteten: Antiochos.

Während Alexander wie einem Schauspieler Beifall klatschte, reagierte Hannibal unsicher: Genauso sei es gewesen – das habe Lysias wohl von anderen Königsfreunden erfahren. Der aber bestand darauf, sich das selbst zusammengereimt zu haben. Da er Einblick in die Korrespondenz des Königs habe, und das nicht erst seit gestern, wisse er, dass es keine Spur irgendwelcher früheren Kontakte des Karthagers mit Antiochos gäbe. Das erste Dokument, in dem von Hannibal die Rede wäre, sei ein Empfehlungsschreiben eines Vertrauten in Tyros. Der habe seinerzeit von der Flucht des Karthagers vor den Nachstellungen seiner innenpolitischen Gegner berichtet und dem Hof in Antiocheia, also eigentlich dem jungen Mitregenten Antiochos nahegelegt, den berühmten Feldherrn zu sich einzuladen. Hannibal bestätigte, dass er, als er nach seiner Flucht in Tyros angekommen sei, wo er selbst familiäre Beziehungen unterhielt, nach einigen Wochen bereits aus Antiocheia eine sehr freundliche Einladung erhalten habe, der er schließlich gefolgt sei.

Den Dionysios hatte die Kombinationen des Lysias ebenso beeindruckt wie die anderen Gäste; er wandte sich an Hannibal mit der Frage, wie der es denn erfahren habe, dass es angezeigt sei, sich auf die Flucht zu begeben. Der Karthager kam der Aufforderung ungesäumt nach: Es sei eine Gesandtschaft nach Rom gegangen, um die Jahresrate der Reparationsgelder zu überbringen; einer der Gesandten sei ein Vertrauter seines Neffen Hanno gewesen, und der habe bei seiner Rückkehr erzählt, wie die anderen Teilnehmer der Delegation sich bemüht hätten, ihre verschiedenen und auffällig zahlreichen Treffen mit römischen Senatoren vor ihm zu verheimlichen. Daraus habe er geschlossen, dass etwas im Busche sei; bei ihrem Aufbruch für die Rückreise hätte der Senat ganz offiziell die Entsendung einer römischen Gesandtschaft in Aussicht gestellt, die bereits in wenigen Wochen erfolgen sollte. Daraus habe er, Hannibal, dann seinerseits kombiniert, dass es angeraten sei, besser nicht in Karthago zu bleiben. Zudem hätten sich die Drohungen gegen ihn wiederholt. So sei er sicher gewesen, dass man ihn ans Messer liefern wollte. Daher habe er seine Abreise insgeheim schon vorbereitet und in der Nähe seines Landgutes an der Küste ein Schiff parat gehalten; er habe unmittelbar vor der Ankunft der römischen Gesandtschaft mehr oder weniger unbemerkt entweichen können. Die Reise von der Kleinen Syrte nach Tyros sei kein Problem gewesen, er habe sich bei den mehrfachen Landgängen auch nicht verstecken oder verstellen müssen, ihn habe ohnehin östlich des karthagischen Reiches niemand von Angesicht gekannt. Er habe sich schlicht als ‹Hannibal, Sohn des Hamilkar aus Karthago› vorgestellt, nicht als Sufet Hannibal oder als ‹Sieger-von-Cannae-Hannibal›. Hannibal lachte befreit und wurde von den Gästen mit langem Applaus bedacht.

Zuerst erhoben sich Lysias und Alexander, dann auch die beiden Griechen. Vom Innenhof her hörte man erstes Vogelgezwitscher und am Horizont hinter dem Gebirge zeigte sich ein erster heller Streifen am Himmel, als Hannibal seine Gäste verabschiedete.

In der Enge
194–182 v. Chr.

Roms neue Kriege

An einem heißen Tag im Juni des zweiten Jahres der Herrschaft des Königs Antiochos Theos Epiphanes bewegte sich im geschäftigen Treiben der seleukidischen Residenzstadt Antiocheia unsicher und schwer atmend ein alter Mann, begleitet von seinem erwachsenen Sohn. Beide waren gerade erst eingetroffen und hatten ihr Reisegepäck in der Hafenstadt Seleukeia Pieris, etwa zehn Meilen entfernt, zurückgelassen. Ihr Ziel war das Haus eines Bekannten, den der Alte, der Weinhändler Dionysios aus Rhodos, vor vielen Jahren schon einmal besucht hatte. Seither, es mochten wohl fünfzehn Jahre sein, schien sich die Stadt vergrößert zu haben; sie erinnerte ihn mit ihrem Lärm und Gedränge an Alexandria, mit dem Unterschied, dass hier die Luft doch noch besser war, denn Antiocheia lag an einem Berg und nicht in der Mündungsebene eines Nilarms. Dionysios war geschäftlich in der halben Welt herumgekommen und plante jetzt, mit Blick auf die Übergabe des Handelshauses an seinen Sohn Heliodoros, in Antiocheia einen Filialbetrieb zu eröffnen. Dabei hoffte er auf die Unterstützung eines Freundes seiner Familie, Herakleides, der inzwischen einen hohen Rang unter den Höflingen des jetzigen Königs Antiochos IV. Epiphanes einnahm. Dank der Förderung durch Herakleides' Vater, den Milesier Herakleides, hatte schon seine frühere Niederlassung in Ephesos floriert, als damals dort Antiochos Megas Hof gehalten hatte – auch das war nun schon zwanzig Jahre her.

Der Bekannte, zu dessen Haus sich Dionysios schließlich von einem ortskundigen Lastenträger führen ließ, war der Sidonier Simon, den er gleichfalls aus jener Zeit in Ephesos kannte. Ihm war er bei einem Gastmahl im Hause des Karthagers Hannibal begegnet, einem denkwürdigen Abend, den er sein Lebtag nicht vergessen wollte; Simon hatte beste Beziehungen zur Finanzwelt, insbesondere zu einem großen Bankhaus in Kyrene, mit dem er seither auch fruchtbare Kontakte unterhielt. Der alte Simon, kaum jünger als er, aber sehr rüstig, lebte in einem eher bescheidenen Haus, das keine Gäste beherbergen konnte, so dass Dionysios sich in Seleukeia einquartiert hatte, wo er aller Voraussicht nach auch seine Lagerhäuser mieten würde.

Mit dem Sidonier und den geschäftlichen Belangen verging dann der Tag. Für den Abend wurden die beiden Rhodier von Simon allerdings nicht zu einem Gastmahl in seinem Hause eingeladen, sondern in eine Gastwirtschaft mit der Begründung, diese vor allem den Dionysios befremdende Lokalität biete sehr gutes Essen und vorzüglichen Wein. Außerdem kündigte er eine ganz besondere Überraschung an. Heliodoros verzog dagegen bei der Ankündigung keine Mine; er hatte schon mehrfach von dieser unter jungen Leuten sich ausbreitenden Sitte gehört und war selbst einige Male in solchen Etablissements gewesen. Auch erkannte er das kommerzielle Potenzial derartiger Schenken, das freilich von einem seriösen Ruf abhing, denn nichts schädigte ein Gasthaus mehr als ein tatsächlicher oder vorgeblicher Bordellbetrieb. Eher überraschte den jungen Mann schon die Tageszeit, zu der eingeladen wurde: der sehr späte Abend.

Simon beruhigte seine Gäste, indem er ihnen zusicherte, sich um ihre nächtliche Fahrt nach Seleukeia zu kümmern.

Als sie dann schließlich in das Gasthaus kamen, das etwas außerhalb der Stadt am Berghang lag, waren sie sowohl über die luxuriöse Ausstattung angenehm überrascht als auch über die große Anzahl von Gästen, die sich im Garten und im zentralen Hof des Anwesens gelagert hatten. Sie wurden in einen Nebenraum geführt, in dem zwei goldverzierte Klinen bereitstanden, dazu vier Diener zur Aufwartung. Dionysios wusste nicht, worüber er sich mehr wundern sollte: über den unerwarteten Luxus der Raumausstattung oder darüber, dass Simon die kleine Kanne Maroneier-Wein, die er ihm als Geschenk mitgebracht hatte, nun dem Wirt übergab. Noch während sie Platz nahmen und Simon den jungen Heliodoros an seine Seite bat, den Alten aber auf das zweite, mit besonders prächtigen Decken und Polstern bestückte Speisesofa verwies, ertönte draußen plötzlich ein Lärm von vielen Kutschen, dann eine laute Flöten- und Zimbelmusik, als zöge ein dionysischer Schwarm umher. Tatsächlich erblickten sie durch die geöffnete Tür einen festlich bekränzten Zug von Flötenspielerinnen und anderen leicht bekleideten jungen Mädchen. Heliodor wollte schon an der Seriosität des Haus zweifeln, doch ebenso schnell verschwanden die Künstlerinnen wieder. Da stand plötzlich in der Tür ein Herr mittleren Alters, kostbar gekleidet mit einem langen, sehr dünnen safranfarbenen Gewand, einem dunkelblauen Mantel, auf dem hocherhobenen Haupt einen dichten Efeukranz.

Simon sprang sofort auf und verbeugte sich tief, was der junge Rhodier instinktiv nachahmte. Dessen Vater glaubte zu träumen, den Weingott Dionysos persönlich zu sehen, hielt den Atem an und wusste gar nicht, wie ihm geschah, als die schöne Erscheinung auf ihn zutrat, die Arme nach ihm ausstreckte. Der Alte griff sich ans Herz, denn er erkannte den Mann nicht, der ihm fröhlich zurief, wie sehr es ihn freue, den Rhodier Dionysios nach zwanzig Jahren endlich einmal wiederzusehen, und sich nun neben ihn auf die Kline legte. Inzwischen trugen die Diener kristallene Trinkschalen herein und füllten sie aus einer goldenen Kanne mit dem – seinem! – Maroneier-Wein, wie er sofort am Duft erkannte. Er bemerkte, wie ihn ein lächelnder Simon und sein ganz erstaunter Sohn ansahen, als der Fremde ihm jetzt zuprostete. Wie von ferne hörte er ihn sagen, ob er sich denn nicht an ihn erinnerte – er sei doch der damalige Prinz Alexander, der gekommen sei, um wieder einen herrlichen Wein aus Maroneia zu trinken – so wie damals beim Gastmahl des Hannibal in Ephesos! Da habe er in seiner Gesellschaft nicht nur die ausführlichen Erzählungen des großen karthagischen Feldherrn genossen, sondern auch jenen köstlichen Weißen. Jetzt schlug sich Dionysios an den Kopf: Da stand der seleukidische König vor ihm, der jüngste Sohn des früheren Königs Antiochos.

Münze mit dem Porträt Antiochos' IV.

Während unverzüglich die Speisen aufgetragen wurden, erklärte Simon dem Heliodoros, dass der König eigentlich Alexander geheißen habe. Nach dem Tod seines ältesten Bruders Antiochos, der bereits Mitregent seines Vaters gewesen sei, habe er den in der Dynastie bedeutsamen Namen Antiochos übernommen; zunächst hätte sein älterer Bruder Seleukos den Thron beim Tod des Vaters Antiochos Megas geerbt, doch nachdem auch der gestorben sei, regiere er nun seit zwei Jahren selbst. Flüsternd fügte er hinzu, der König würde im Volksmund nicht Epiphanes, ‹der erscheinende Gott›, sondern Epimanes, ‹der Verrückte› genannt: Er liebe es nämlich, unangemeldet bei Banketten oder in öffentlichen Bädern zu erscheinen oder sich auch einfach nur so auf dem Marktplatz unter die einfachen Leute zu mischen. Freilich sei sein Besuch an diesem Abend kein Zufall, sondern zu Ehren des Dionysios arrangiert.

Dann erhob Simon seine Schale und erklärte seinen Gästen, er wolle diesen Abend dem Gedenken des Karthagers Hannibal widmen, mit dem man auf den Tag genau vor zwanzig Jahren in Ephesos ein unvergessliches Gastmahl erlebt habe, gleichsam eine Nacht mit einer Kassandra, deren Warnungen ihnen allen wohl in den folgenden Zeiten noch in den Ohren geklungen haben dürften. Da vor nunmehr neun Jahren sein lieber Freund, der Flüchtling aus Karthago, seine ewige Ruhe gefunden habe, bräuchte er auch nicht mehr mitzuerleben, wie sich die Welt abermals auf einen großen Krieg der Römer gefasst machte. Antiochos seufzte vernehmlich; nicht einmal im Kreise alter Bekannter blieb die aktuelle Politik vor der Tür.

In der Hoffnung, damit das Thema ‹Krieg› für den Rest des Abends abzuhaken, hob er zu einer kleinen Rede an, in der er die ihn betreffenden Ereignisse der vergangenen Jahrzehnte umriss. Nachdem man damals, nach dem großartigen Abend bei Hannibal, auseinandergegangen sei, habe sich das Glück rapide von seinem Vater und seinem Reich abgewendet. Gerade als die beiden römischen Gesandten in Pisidien mit dem König zusammengetroffen seien, habe man die Nachricht vom Tod des ältesten Bruders erhalten, der hier in Antiocheia einer unerwarteten schweren Krankheit erlegen sei. Es habe daher wegen der Hoftrauer keine richtigen Verhandlungen mit den Delegierten des Senats gegeben; erst später, wieder in Ephesos, sei zu einem erneuten Zusammentreffen gekommen, bei dem auch jener Publius Sulpicius Galba anwesend gewesen sei – aus seiner, des damaligen Prinzen, Sicht einer der rücksichtslosesten Kriegstreiber. Schließlich habe sein Vater Antiochos das Bündnis mit den Ätolern zur Befreiung der Griechen von der römischen Bedrückung geschlossen und sei nach Griechenland übergesetzt. Man habe damals auch den Hannibal angehalten, den Feldzug zu begleiten, obgleich jener im Kriegsrat vor einem solchen Unternehmen stets gewarnt und seinerseits darauf gedrungen hätte, sich der Unterstützung durch den Makedonen Philipp, zumindest seiner Neutralität, zu versichern. Das sei dann aber nicht mehr möglich gewesen, denn die Ätoler hätten darauf spekuliert, die Herrschaft dieses Königshauses zu beenden – er müsse eingestehen, dass auch sein Vater darauf aus gewesen sei, nach dem Sieg über die Römer selbst das makedonische Diadem zu übernehmen. Durch die Niederlage bei den Thermopylen seien alle diese Pläne aber vernichtet worden; man habe dann noch darauf gehofft, dass es den Römern nicht gelingen würde, in Kleinasien einzumarschieren, denn man glaubte sich durch das Bündnis mit Prusias von Bithynien, den Schwiegervater des neuen seleukidischen Kronprinzen Seleukos, geschützt.

Alles sei dann zusammengebrochen, als die Römer im Bündnis mit Eumenes von Pergamon – mit dem er jetzt übrigens ein überaus freundschaftliches Verhältnis pflege – und mit den Rhodiern doch nach Kleinasien gekommen seien und in der ersten und letzten großen Feldschlacht bei Magnesia am Sipylos die seleukidischen Truppen besiegt hätten. Er selbst habe damals eine hohe Kommandoposition gehabt und erinnere sich gut an das Auftreten der römischen Feldherren: der eine sei der offizielle und zugleich Bruder des anderen, inoffiziellen gewesen, nämlich der Konsul Lucius Cornelius Scipio der Bruder seines ‹Legaten› Publius Cornelius Scipio. Er habe oft an die Berichte Hannibals denken müssen über die Scipionen in Iberien, wo auch zwei Brüder gemeinsam im Felde standen. An Publius Africanus, dem Sieger über Hannibal, habe ihn die Mischung aus persönlicher Eleganz und umwerfendem Charme sowie absolut brutaler Härte gegen jeden, der nicht seiner Meinung gewesen sei, zunächst fasziniert, schließlich aber irritiert.

Hannibal habe damals ein hohes Kommando zur See innegehabt und seine Aufgabe allem Anschein nach sehr gut erfüllt, er sei allerdings mit den paar Kähnen, die Antiochos habe aufbieten können, der modernen und bestens eingespielten Flotte der Rhodier nicht gewachsen gewesen. Nach seiner Niederlage vor der pamphylischen Küste sei ihm durch eine Botschaft seines Vaters Antiochos nahegelegt worden, sich vor den Römern rechtzeitig in Sicherheit zu bringen, da der König ihn nicht länger schützen könnte.

Nach der Kapitulation seines Vaters Antiochos habe der Friedensschluss die Seleukiden ähnlich hart getroffen wie seinerzeit die Karthager – keine Flotte und keine Elefanten mehr, hohe Reparationszahlungen, Beschränkung der außenpolitischen Handlungsfreiheit, Verlust großer Territorien, nämlich ganz Kleinasiens. Danach habe er als der jüngere Sohn als Unterpfand für das politische Wohlverhalten des Königs nach Rom gehen müssen, wo er insgesamt zehn Jahre seines jungen Lebens verbracht habe, bis die Römer vom Nachfolger seines Vaters, seinem Bruder Seleukos, eine andere Geisel eingefordert hätten, seinen Neffen Demetrios, einen Knaben von damals erst acht Jahren. Er habe mitbekommen, wie sich die Senatoren ereifert hätten über eine angeblich gegen sie gerichtete heimliche Bündnispolitik des Seleukos mit dem neuen Makedonenkönig Perseus, der vor nunmehr fünf Jahren seinem Vater Philipp auf den Thron gefolgt sei. Perseus habe nämlich die Tochter des Seleukos, seine Nichte Laodike, geheiratet, und die Rhodier – bei diesen Worten wandte er sich mit erhobener Trinkschale zu Dionysios – hätten aus römischer Sicht die Unverfrorenheit besessen, das Brautgeleit zu übernehmen.

Inzwischen sehe es ganz so aus, als würde Perseus einen dritten Krieg Makedoniens mit Rom auszustehen haben, insofern seien die von Simon geäußerten Bedenken vollauf berechtigt. Damit beendete er seine Ansprache und trank seine Schale leer.

Letzte Fluchten

Den Dionysios erfüllte es sichtbar mit Stolz, dass sein Maroneier-Wein ihm solche mächtigen Freunde machte. Die aktuelle politische Lage betraf auch jene Weinregion an der nordägäisch-thrakischen Küste. Dort hatten die Städte Maroneia und Ainos bereits zehn Jahre zuvor infolge innerer Konflikten schweren Schaden genommen. Sie waren nominell frei, doch bestanden enge und von vielen Bürgern gern gesehene Beziehungen zum Makedonenreich, während eine anderes politisches Lager sich von einer stärkeren auch offiziellen Anbindung an die neue Großmacht östlich des Hellespont, an das Pergamenerreich der Attaliden, mehr Prosperität erhoffte. Eumenes hatte im Frieden zu Apameia die früheren seleukidischen Gebiete Kleinasiens zugesprochen bekommen und beherrschte vor allem den Seeweg von der Ägäis ins Pontische Meer. Jedenfalls wurde es für Leute wie ihn, den rhodischen Weinhändler, immer schwieriger, gegen die kleinasiatische Konkurrenz, vor allem der mit den Attaliden gleichsam verwandten Stadt Kyzikos, noch mitzuhalten. Er wollte sich lieber nicht ausmalen, was es bedeuten würde, wenn in einem neuen Makedonischen Krieg, wie er derzeit am Horizont Wirklichkeit zu werden drohte, beispielsweise Maroneia zu einer attalidischen Stadt würde. Hinzu kam seine Sorge über die Rolle seiner eigenen Vaterstadt in einem solchen neuen Krieg, denn in der Bürgerschaft verbreiteten sich zunehmend antirömische Ressentiments, obwohl Rhodos für seine Waffenhilfe im Krieg gegen Antiochos von den Römern anständig belohnt worden war: mit dem höchst profitablen Status eines Freihafens in der Hauptstadt und mit weiteren Landgebieten an der gegenüberliegenden Küste.

Um die Stimmung der kleinen Runde aufzuheitern, erbot sich Dionysios, eine Begebenheit von Hannibals damaliger Flucht aus dem Seleukidenreich zu erzählen. Heliodoros grinste breit – er kannte alle Anekdoten, da sein Vater ihm immer gern von Hannibal erzählt hatte – und vermutete richtig, dass jetzt die Kreterepisode folgte. Er habe die Geschichte von einem Kaufmann aus Gortyn gehört, begann der Rhodier; als sowohl sein Sohn als auch Simon bereits jetzt zu lachen begannen, wedelte er wie aufgeregt mit der rechten Hand, woraufhin auch Antiochos in schallendes Gelächter ausbrach, denn ihn erinnerte diese Gebärde an den Römer Villius. In jene Stadt an der Südküste der Insel Kreta habe es damals Hannibal verschlagen; bei allen Widrigkeiten eines Flüchtlingsdaseins hätte der Karthager jedoch niemals unter materieller Not gelitten; so habe er auch nach seinem Abschied aus dem Dienst bei Antiochos Megas ein schönes Sümmchen bei sich gehabt, vermutlich etwa vier Talente Silber. Man habe natürlich in der kleinen Stadt genau beobachtet, dass sich die Diener des Asylsuchenden mit schweren Kisten abschleppten, als man ihm ein Wohnhaus in der Nähe des Hafens überließ. In einem Schuppen dieses Hauses habe er eine größere Anzahl leerer Amphoren vermutlich rhodischer Herkunft vorgefunden. In etwa zwanzig von diesen habe er seine Silbermünzen so eingefüllt, dass jeweils viel freier Raum blieb. Fünf oder sechs Amphoren habe er dagegen bis fast an den Rand mit Blei gefüllt und als oberste Schicht Münzen darauf gelegt. Diese wenigen Gefäße habe er bereits am Tag nach seiner Ankunft in den Artemistempel im Zentrum der Stadt gebracht und sein vorgebliches Vermögen in Gegenwart der Priesterin und einer Abordnung der örtlichen Ratsherren im Heiligtum deponiert; er habe sich das sogar schriftlich quittieren lassen. Indessen habe er seine Diener eine große Menge Holzkohle aufkaufen und damit die ungefähr zwanzig Amphoren auffüllen lassen, in denen sein Geld versteckt war. Den Rest der Holzkohle habe er dann in jenem Schuppen aufgeschüttet, die Amphoren aber wie achtlos im Innenhof des Hauses abgelegt – und niemand hätte in den alten Tongefäßen das Vermögen des Karthagers vermutet!

Heliodoros fragte scheinheilig, ob sich nicht die Kreter gewundert hätten über die Mitnahme von so viel Holzkohle bei Hannibals Abreise; oder ob jener die Amphoren zu Prusias, seinem nächsten Zufluchtsort, gar nicht mitgenommen habe. Hierauf gab Antiochos eine überraschende Antwort: Hannibal sei von Kreta nicht direkt nach Bithynien zu König Prusias gelangt, sondern inkognito über Kyrene, Tyros und Damaskos nach Armenien gereist.

Simon ergänzte, dass Hannibal sein Vermögen immer in Kyrene deponiert hätte, im Bankhaus des Theodoros, in dessen Haus er damals auch in Ephesos gelebt hätte. Er fuhr dann fort zu berichten, dass der Karthager damals gehofft hätte, in Armenien bei Artaxias eine sichere Bleibe zu finden, da er sich am Hofe des Antiochos Megas seinerzeit mit dem Satrapen angefreundet hatte. Inzwischen war der aber, ungeachtet seiner Verwandtschaft mit dem pontischen und syrischen Herrscherhaus, auf die Idee gekommen, sein gebirgiges Land für unabhängig zu erklären und nicht mehr Satrap, sondern selbst König zu sein.

Jetzt war es an Antiochos, mit der rechten Hand zu wedeln; er könne die Reaktion seines armenischen Onkels nachvollziehen: Nach der Niederlage des Seleukidenreiches gegen Rom habe auch Ariarathes, der gleichfalls mit ihnen verwandte König von Kappadokien, sich als Freund Roms von Antiochos Megas distanziert und sich sogar durch die Verheiratung seiner Tochter Stratonike, einer anderen seiner Nichten, mit Eumenes von Pergamon verschwägert. Als selbstständiger Monarch sei es Artaxias leichter gefallen, sich der Beobachtung durch die Römer zu entziehen. Den Hannibal hätte er aufgenommen, obwohl auch er wusste, dass dessen Auslieferung im Friedensvertrag von Apamea gefordert wurde, es habe ihn aber nicht beunruhigt, da er ja kein Teil des Seleukidenreiches und an die Weisungen des dortigen Herrschers nicht mehr gebunden gewesen sei.

Simon pflichtete ihm bei; Hannibal habe in Armenien sogar die ungewöhnliche Aufgabe übernommen, den Ausbau der Stadt Artaxata zur neuen Residenzstadt des Artaxias zu koordinieren, da er aus seiner Jugend in Iberien, wo schon sein Vater Hamilkar eine neue Stadt hätte bauen lassen und dann sein Schwager Hasdrubal die Stadt Neukarthago, eine gewisse Neigung zum Stadtarchitekten gespürt habe. Dionysios wollte nun aber doch wissen, wann denn dann Hannibal zu Prusias gekommen sei, für den er auch, wie er sicher zu wissen meine, bei den Planungen für die neue Residenzstadt Prusa am Fuß des bithynischen Olymp mitgewirkt habe.

Antiochos überlegte eine Weile, dann antwortete er, es müsste die Weiterreise – er vermied den Begriff der Flucht – im Zusammenhang gestanden haben mit der verstärkten Aufmerksamkeit der Römer für die Vorgänge in Kleinasien etwa zwei Jahre nach dem Friedensschluss mit seinem Vater Antiochos. Damals habe sich sowohl Seleukos als neuer König in Antiocheia wie vor allem ganz massiv ihr gemeinsamer Cousin Pharnakes, König in Pontos, auf die Seite des

Bithyniers gestellt. Es sei um die rechtswidrige Annektion der Landschaft Phrygia Epiktetos durch Eumenes gegangen, die bei Beginn des Antiochoskrieges gar nicht mehr den Seleukiden, sondern bereits Prusias gehört habe. Daher hätten die Römer dieses Gebiet auch nicht aus der seleukidischen Konkursmasse in Kleinasien an den Pergamener vergeben können. Bei seinem Krieg gegen Pergamon hätte Prusias auf mehr als moralische Unterstützung durch Pharnakes rechnen können; das habe Eumenes durchaus befürchtet und daher die Römer alarmiert, die somit auf die Verhältnisse am nördlichen Rand des Seleukidenreichs aufmerksam geworden wären.

Dionysios hatte schnell nachgerechnet und fragte zur Sicherheit, ob es zuträfe, dass sich Hannibal demnach etwa zwei Jahre in Bithynien aufgehalten habe. Simon hielt zweieinhalb Jahre für genauer, denn der Karthager habe noch einiges von dem schweren militärischen Konflikt jener beiden Nachbarn mitbekommen und sei erst ganz am Ende, als eine römische Friedensinitiative beide Könige, Prusias und Eumenes, miteinander versöhnte, ums Leben gekommen, gleichsam als Opfer auf dem Altar des neuen Friedens. Als er, um noch nicht auf den Tod seines Freundes zu sprechen kommen zu müssen, den Rhodier bat, die Anekdote von Hannibals Kriegslist im bithynisch-pergamenischen Krieg zu erzählen, kam der dieser Aufforderung freudig nach.

Bei König Prusias habe Hannibal, ähnlich wie bei Antiochos Megas, das Oberkommando zur See erhalten; auch hier sei die Flotte, mit der er reüssieren sollte, der feindlichen deutlich an Zahl und auch an Modernität unterlegen gewesen. Daher habe er sich folgende Taktik und folgende

List ausgedacht: Er habe den Angriff auf das pergamenische Admiralsschiff konzentrieren, die anderen Schiffe aber möglichst ohne großes Kampfgetümmel abwehren wollen. Zu erfahren, auf welchem der Schiffe sich Eumenes befinden würde, sei ihm dadurch gelungen, dass er kurz vor der Schlacht einen Boten mit einem Brief an den König persönlich zu den feindlichen Schiffen geschickt und so beobachten konnte, auf welches Schiff man den Mann geleitet habe. So habe er seinen Angriff ganz auf den Oberkommandierenden ausrichten können, der dann auch tatsächlich hätte in die Flucht geschlagen werden können. Für die Abwehr der zahlreichen anderen Schiffe hätte er schon viele Tage vor dem beabsichtigten Schlachtentermin seine Soldaten giftige Schlangen sammeln und in gut verschließbare Tongefäße stecken lassen. Mit diesen eigenartigen Wurfgeschossen seien dann diejenigen Schiffe beworfen worden, die sich zur Verteidigung des Königsschiffes herangedrängt hätten. Die Wirkung sei toll gewesen: Zuerst habe sich bei den gegnerischen Soldaten allgemeines Gelächter erhoben, aber als die Schlangen aus den zerplatzten Tontöpfen krochen, da sei ihnen das Lachen vergangen und sie hätten in größter Panik nicht mehr gewusst, wohin fliehen. So habe er für König Prusias den Sieg errungen.

Antiochos klatschte Beifall und amüsierte sich über die köstliche Geschichte, meinte dann aber, dass wohl auch hier ein nicht sehr wahrheitsliebender Kreter der Urheber der Anekdote sein dürfte. Einerseits sei die bithynische Flotte zumindest damals noch sehr kampftüchtig gewesen, andererseits könne er sich überhaupt nicht vorstellen, dass Eumenes sich jemals auf ein Kriegsschiff begeben hätte, um das Kommando zu führen.

Indessen wurden neue Platten mit gebratenem Fleisch aufgetragen und die Gäste langten kräftig zu; auch ihre Trinkschalen wurden aufmerksam immer wieder neu gefüllt.

Heliodoros fragte jetzt den Freund Hannibals, der neben ihm auf der Kline lag, ob vielleicht damals der Karthager gar keine führende Rolle in den kriegerischen Auseinandersetzungen gespielt haben könnte. Als Simon das eindeutig bejahte, ließ er die Frage folgen, was der Karthager dann eigentlich in den Jahren bei Prusias gemacht habe, denn untätig herumsitzen, das wäre doch ebenfalls undenkbar. Während Simon noch mit dem Bein eines Hasen geschäftigt war, meinte Antiochos erstaunt, das müsste man gerade als Rhodier doch wissen! Als der junge Mann verlegen zu seinem Vater blickte, hob der bedeutsam den Zeigefinger und sagte, natürlich höre man, dass es ein historisches Werk aus der Feder Hannibals gäbe, in griechischer Sprache sogar, das den Rhodiern gewidmet sei und das den grausamen Feldzug des Cnaeus Manlius Vulso beschreibe.

Es sei ja nach dem Ende des Krieges gegen Antiochos Megas allmählich bekannt geworden, wie dieser römische Konsul, dem es nicht mehr gegeben war, den großen König zu besiegen, dann gegen die mit den Seleukiden verbündeten Galater im Inneren Kleinasiens gewütet habe – wie ein Barbar, ein Monstrum. Auf die Frage des Sohnes, warum der Karthager solch ein Werk gerade für die Rhodier geschrieben hätte, wusste Dionysios allerdings keine Antwort, doch sprang sogleich Antiochos ein: Weil er geglaubt hätte, die bisherigen Freunde der Römer bei ihrer griechischen Ehre packen zu können, mit solchen barbarischen Ungeheuern eben nicht mehr gemeinsame Sache zu machen.

Simon stimmte zu, gab jedoch zu bedenken, dass das inzwischen verbreitete Bild von Hannibal als einem ewigen Pläneschmied gegen Rom nicht zutreffend sei und dass der Karthager mit seinem Traktat weder im Auftrag des Prusias noch in einer konkreten Absicht, die Rhodier mit dem Bithynier in ein Bündnis zu bringen, gehandelt habe. Das habe er auch gar nicht behaupten wollen, ließ sich sogleich Antiochos vernehmen, gab aber zu, als ihn Simon durchdringend ansah, dass sein Freund Eumenes von eben der geäußerten Ansicht felsenfest überzeugt sei. Der Pergamener habe unter der schon krankhaften Angst gelitten, von Feinden umzingelt zu sein – hier warf Simon ein, dass ihn das bestens mit den Römern verbinde und dass es wohl leider falsch sei, in der Vergangenheitsform zu sprechen.

Antiochos runzelte unwillig die Stirn, sah es aber dem Sidonier nach, dass er kein Freund des pergamenischen Königs war. Er selbst hatte damals, als er Eumenes über Hannibal hatte reden hören und als er dann erfuhr, dass der Karthager in den Freitod gegangen wäre, um nicht in die Hände der Römer zu fallen, eine direkte Verbindung zwischen der krankhaften Hetze des Königs und der Ausweglosigkeit Hannibals erkannt.

Daher sagte er jetzt, Hannibal sei letztlich ein Opfer seines Ruhms und selbst zum Mythos geworden, nämlich zur wandelnden angeblichen Bedrohung von Roms Herrschaft, sogar Roms Existenz. In dem Krieg zwischen Prusias und Eumenes um dieses jämmerliche Stück Land in Mysien habe der Pergamener immer auf die Waffenhilfe der Römer gehofft, zweifellos, um anschließend sogar ganz Bithynien seinem Herrschaftsgebiet einverleiben zu können. Als er gemerkt hätte, dass es den Verbündeten am Tiber egal war, wie er mit dem feindlichen Nachbar fertig würde, habe er den Senatoren eine globale Bedrohung an den Horizont gemalt, ganz ähnlich wie damals, vor nunmehr zwanzig Jahren.

Er schwieg eine Weile und trank aus seiner Weinschale, während ihn die anderen drei Männer gespannt betrachteten; dann fuhr er fort: Der Name ‹Hannibal› habe im Senat eine unheimliche Wirkung getan, er selbst habe das in Rom miterlebt. Der beste Verbündete, König Eumenes, habe ihnen durch immer neue Gesandtschaften mit dem Gerede in den Ohren gelegen, dass sie noch eines Tages durch den unter Führung Hannibals gegen sie geeinten Orient untergehen würden, wenn sie ihm jetzt nicht hülfen. Daher hätten Männer wie Titus Quinctius Flamininus, die ihrerseits um die wachsende romfeindliche Stimmung in Makedonien wussten, beschlossen, dem Pergamener diese Argumentation zu nehmen. So sei im Namen einer Friedensvermittlung Titus Quinctius zu Prusias gereist und habe um die Auslieferung seines Schützlings – denn alle Flüchtlinge seien Schützlinge ihrer Asylgeber – Hannibal gebeten. Es habe gar nicht im Interesse der Römer gelegen, den alten Mann aus Karthago wirklich an den Tiber zu bringen, das wisse er, Antiochos, sehr genau. Man habe damit gerechnet, dass Hannibal von dem Gift, das er stets bei sich getragen hätte, Gebrauch machte.

Stahlstich von H. Leutemann (19. Jahrhundert): *Hannibals Tod*

In das Schweigen hinein, das diesen Ausführungen folgte, sagte schließlich Simon, auch er habe von Hannibal selbst gehört, dass er sich töten würde, um nicht in die Hände der Römer zu geraten. So sei es denn also auch gekommen. Ein Vertrauter Hannibals, der nach dem Tod des Karthagers zu ihm gekommen und ihm aus dessen Nachlass die für ihn bestimmten Gegenstände gebracht hätte, habe ihm auch berichtet, die letzten Worte des Sterbenden seien gewesen:

«Wir wollen das römische Volk von einer langen Sorge befreien.»

Hannibal habe ihm damals, mit den persönlichen Dingen aus dem Nachlass, einen Gegenstand geschickt, den er, sobald sich dafür eine passende Gelegenheit ergebe, dem Prinzen Alexander überreichen sollte. Dieser Moment sei jetzt gekommen, auch wenn aus Alexander inzwischen Antiochos geworden sei. Simon gab den Dienern einen Wink, daraufhin brachten sie eine mäßig große Kiste herbei. Ehrfurchtsvoll setzten sie die Kiste vor dem König auf den Boden und entfernten sich auf ein entsprechendes Zeichen hin. Antiochos überkam ein eigenartiges Gefühl, als er nun darin ging, ein Geschenk auszupacken, das ein vor ungefähr zehn Jahren Gestorbener, den er vor zwanzig Jahren kennengelernt hatte, ihm auf so verschlungenen Wegen überreichen ließ. Er kniete nieder und zog schließlich aus vielen Schichten Leinenstoff und Schafswolle eine mittelgroße Bronzefigur hervor – die Statuette des Herakles Epitrapezios des Lysippos aus dem ursprünglichen Besitz Alexanders des Großen.

Alle applaudierten begeistert und Dionysios musste seinem Sohn versprechen, ihm noch in der Nacht die Geschichte vom Gastmahl bei Hannibal zu erzählen, bei dem der Karthager geleugnet hatte, im Besitz dieses Meisterwerkes zu sein.

Vor dem Wirtshaus hörte man indessen Pferdehufe und Stimmen; eine Eskorte war gekommen, um den König abzuholen. Antiochos ließ es sich nicht nehmen, in seiner Kutsche Simon nach Hause zu begleiten und sofort eine zweite bereitstellen zu lassen, die auf der guten Straße nach Seleukeia die beiden Rhodier in ihr Quartier brachte.

Nachwort

Die Darstellung aus dem Leben des großen karthagischen Feldherrn Hannibal berücksichtigt in angemessener Weise alles, was historisch überliefert und mit Schriftzeugnissen oder anderem Quellenmaterial belegbar ist. Die antike Geschichtsschreibung – in erster Linie Polybios (2. Jh. v. Chr.), Nepos Livius (Mitte bzw. Ende 1. Jh. v. Chr.), Plutarch (spätes 1. Jh. n. Chr.), Appian (2. Jh. n. Chr.) – liefert allerdings kein kongruentes Bild über die Ereigniszusammenhänge, so dass in vielen Fällen der moderne Historiker mit seinem eigenen Interpretationsansatz die jeweiligen ‹Tatsachen› rekonstruiert. Dabei haben sich in der Geschichtswissenschaft zum Teil äußerst widersprüchliche und immer wieder umstrittene Positionen ergeben.

Die vorliegende Erzählung gibt daher die wissenschaftlich begründbare Meinung der Autorin wieder, die in zahlreichen Details auch von solchen Hannibalbildern abweichen kann, deren genereller Linie sie indessen folgt. Literaturhinweise im Anhang mögen zur weiteren und intensiveren Beschäftigung mit der historischen Figur und ihrer Zeit anregen. Ergänzend bietet ein Glossar Aufschlüsse über antike Begriffe und Bezeichnungen.

Der in eine Rahmenhandlung eingefügte Bericht über Hannibals Leben ist in denjenigen Teilen frei gestaltet, zu denen konkrete Überlieferungen fehlen, was vor allem den Alltag in der Antike betrifft. So treten neben Personen, die in Hannibals Zeit real existiert haben und hier in ihrer historisch bezeugten Funktion agieren, fiktive Personen auf, die aber sowohl hinsichtlich ihres Namens, Herkommens und Aktionsbereichs plausibel sind.

Für alle Personen, die in der Erzählung in konkreten Situationen handeln, sprechen, denken und empfinden, sind die jeweiligen Tätigkeiten und Äußerungen fiktiv, wenngleich möglichst empathisch nachempfunden. Das gilt auch dort, wo aus der antiken Historiografie bereits literarisch gestaltete Reden und Reflexionen übernommen oder variiert werden.

Auf diesem Hintergrund erklärt sich das seltene Vorkommen von Frauen, denn dazu liegen noch weniger antike Informationen vor als für Männer. Dafür ist die in bürgerlichen Kreisen verbreitete Vermeidung von Frauennamen charakteristisch. Da auch – mit Ausnahme des Namens Himilke für eine Gattin iberischer Abstammung – die Namen von Hannibals Mutter, Schwestern, Konkubinen nicht überliefert sind und überhaupt Beziehungen zu Frauen keine erkennbare Rolle gespielt zu haben scheinen, wurde auch in der Darstellung darauf verzichtet, hier Namen oder zusätzliche Figuren (weitere Gattinnen, Geliebte etc.) zu fingieren.

Entsprechend wurde auch soweit irgend möglich auf neuzeitliche Begriffe wie zum Beispiel Kilometer oder Kilo verzichtet, ebenso auf die Verwendung moderner Ortsnamen. Im Anhang werden die modernen geografischen Namen, soweit bekannt, aufgeführt sowie gegebenenfalls die Lage erläutert.

München, im März 2010 *Linda-Marie Günther*

Zeittafel
(alle Jahreszahlen vor Chr.)

336–323	Alexander III. (der Große), König von Makedonien
333	Sieg über den Perserkönig Dareios III. bei Issos
331	Sieg über den Perserkönig Dareios III. bei Gaugamela
323–281	Diadochenkriegszeit
323–282	Ptolemaios I. Soter, König in Ägypten
312–281	Seleukos I., König in Asien
297–272	Pyrrhos I., König von Epirus
282–246	Ptolemaios II. Philadelphos, König in Ägypten
281–261	Antiochos I. Soter, König in Asien
278–276	Pyrrhos' Eroberung Siziliens (als König von Syrakus)
270–215	Hieron II., König von Syrakus
264–241	*Erster Punischer Krieg*
261–246	Antiochos II. Theos, König in Asien
260–252	Zweiter Syrischer Krieg
247	*Geburt Hannibals*
246–241	Dritter Syrischer Krieg
246–226	Seleukos II., König in Asien
241	*Römisch-karthagischer Friedensvertrag*
241–238	Libyscher Krieg (= sogenannter Söldnerkrieg)
238/7	Römische Annexion Sardiniens
237–229	*Hamilkar Barkas als Stratege für Afrika und Iberien in Spanien*
230–228	Erster Illyrischer Krieg
229–221	*Hasdrubal als Stratege für Afrika und Iberien in Spanien*
223–187	Antiochos III. Megas, König in Asien
221–179	Philipp V., König von Makedonien
221–218	*Hannibal als Stratege für Afrika und Iberien in Spanien*
220–219	Zweiter Illyrischer Krieg
219	*Belagerung und Eroberung von Sagunt durch Hannibal*
218–201	*Zweiter Punischer Krieg*
218–211	P. und Cn. Cornelius Scipio in Iberien
218–208	*Hasdrubal, Bruder Hannibals, als Stratege für Afrika und Iberien*
218	*Schlachtenerfolge Hannibals am Ticinus und an der Trebia*
217	*Schlachtenerfolg Hannibals am Trasimenischen See*
216	*Schlachtenerfolg Hannibals bei Cannae*
216/5	*Bündnisse Hannibals mit Capua, mit den Brettiern*
215–214	Hieronymos, König von Syrakus
215	*Bündnis Hannibals mit Philipp V.*
215	Gescheiterter prokarthagischer Aufstand auf Sardinien
214	*Bündnis Hannibals mit Syrakus*

214–211	Römische Belagerung und Eroberung von Syrakus
212	*Bündnis Hannibals mit Tarent*
212/1	Römisches Bündnis mit den Ätolern gegen Makedonien
212–205	Erster Makedonischer Krieg
211	Römische Belagerung und Eroberung von Capua
211	*Hannibals Marsch gegen Rom («Hannibal ad portas!»)*
210–206	P. Cornelius Scipio, Sohn des P. Cornelius Scipio, in Iberien
210	Römische Eroberung von Akragas
209	Scipios Eroberung von Neukarthago
209	Römische Eroberung von Tarent
208	Römischer Sieg bei Baecula
208/7	*Alpenübergang des Hasdrubal*
207	Römischer Sieg bei Ilipa
207	*Römischer Sieg am Metaurus über Hasdrubal*
206/5	Karthagische Räumung Iberiens
205/4	*Karthagischer Auftrag an Mago, Hannibals Bruder, zu neuen Rüstungen*
205/4	Karthagisches Bündnis mit dem Numiderkönig Syphax
204/3	*Karthagische Rückberufung Hannibals und Magos aus Italien*
203–201	P. Cornelius Scipio in Afrika
203	Römisches Bündnis mit dem Numiderfürsten Massinissa
203	*Niederlage der Karthager und des Syphax*
203	Massinissa erobert Cirta
203	*Landung Hannibals bei Leptis Minor*
203	Tod Magos auf der Seereise nach Karthago
203–195	Fünfter Syrischer Krieg; Seleukidischer Gewinn Südsyriens
202	*Römischer Schlachtenerfolg bei Zama, Sieg Scipios über Hannibal*
201	*Römisch-karthagischer Friedensvertrag*
200–196	Zweiter Makedonischer Krieg; Rom verbündet mit Pergamon und Rhodos
197	Niederlage Philipps V. bei Kynoskephalai
196	Freiheitsdeklaration für die Griechen durch T. Quinctius Flamininus
196–192	‹Kalter Krieg› zwischen Rom und Antiochos III. um Freiheitsrechte griechischer Stadtstaaten in Kleinasien
196	*Hannibal Sufet (Oberbeamter) in Karthago*
195	*Flucht Hannibals aus Karthago nach Tyros und Antiocheia*
194–193	*Aufenthalt Hannibals am Hof Antiochos› III. Megas in Ephesos*
193	Hochrangige römische Gesandtschaft in Ephesos
192–188	Krieg zwischen Rom und dem Seleukidenreich
190/89	*Einsatz Hannibals als Flottenkommandant des Königs Antiochos III.; Flucht nach seiner Niederlage gegen die Flotte von Rhodos*
189/8	*Hannibals Aufenthalt in Gortyn*

188	*Friedensvertrag zwischen Rom und Antiochos III.; u.a. Forderung nach Auslieferung Hannibals*
188/7–186	*Hannibal am Hof der Artaxias, Königs von Armenien*
187–175	Seleukos IV., König von Asien
187–178	Antiochos, Sohn Antiochos' III., als Geisel in Rom
186–182	Pergamenisch-bithynischer Krieg um Phrygia Epiktetos
186–179	Wachsende Spannungen zwischen Rom und Philipp V. von Makedonien
185–182	*Hannibal am Hof Prusias› I., Königs von Bithynien*
184/3	*Einsatz Hannibals als Flottenkommandant des Königs Prusias I.*
182	*Römische Gesandtschaft unter T. Quinctius Flamininus zu Prusias I. zur Auslieferung Hannibals*
182	*Freitod Hannibals*
179–167	Perseus, König von Makedonien
178	Perseus' Heirat mit Laodike, Tochter Seleukos' IV.
175–164	Antiochos IV., König von Asien
172–167	Dritter Makedonischer Krieg; Ende des Makedonenreiches
171–168	Sechster Syrischer Krieg; Römisches Ultimatum gegen Antiochos IV.
150–146	Dritter Punischer Krieg; Ende Karthagos

Glossar

Aedil | römischer Magistrat, Aufsicht über Verkehr, Markt und Feste
Akropolis | wörtl. Oberstadt, allgemein Burg, Festung
Amphore | Transportgefäß aus Ton, Fassungsvermögen einer rhodischen A. um 200 v. Chr.: ca. 25 Liter
Augur(en) | sakraler Amtsträger im neunköpfigen Kollegium zur Zeichendeutung bei der Einholung göttlicher Zustimmung bei jedem Staatsakt
Auspizien | Einholung göttlicher Zustimmung für magistratische Amtshandlungen als Voraussetzung für die Ausübung der jeweiligen Amtsgewalt; bei Konsuln und Prätoren gleichbedeutend mit militärischem Oberbefehl
Bundesgenossen | (griech.: symmachoi; lat.: socii) Verbündete aufgrund eines zwischenstaatlichen Abkommens; die römischen socii waren, anders als in einem partnerschaftlichen Bündnis, der Oberhoheit Rom unterstellt.
Centurio | Hauptmann in der römischen Armee, wörtl. Führer einer Hundertschaft
Demokratie | Staatsform (‹Volksherrschaft›), in welcher die politischen Entscheidungen direkt bei der Volksversammlung (griech.: ekklesía) und dem Rat (griech.: bulé) lagen; in der Volksversammlung war die Gesamtheit der Männer mit Bürgerrecht organisiert; im Stadt- bzw. Gemeinderat als einer Behörde war die Mitgliedschaft, die durch Wahl oder Losverfahren bestimmt wurde, auf ein Jahr befristet und wiederholte Bekleidung des Ratsherrenamtes streng geregelt.
Diadochen | wörtl. ‹Erben› des Alexanderreichs, im Speziellen die Generäle Alexanders d. Gr., die sich in den Jahrzehnten nach dessen Tod (323–281) bekämpften; Ptolemaios, Seleukos und Antigonos gründeten eigene neue Dynastien (‹Diadochenreiche›) in Ägypten, Asien und Makedonien.
Dictator | außerordentlicher Magistrat ohne Amtskollegen (ursprüngl. magister populi), mit militärischer Befehlsgewalt (imperium) im Notstand für maximal 6 Monate ernannt; ihm bei- bzw. untergeordnet der magister equitum = Reiterführer
Drachme | griech. Münznominal aufgrund einer Gewichtsbezeichnung (→ Talent), zumeist Silbermünze von ca. 4,4 g (attische Drachme)
Einhundertundvier | → Staatsgerichtshof (karthagischer)
Epigonen | wörtl. ‹Nachgeborene›; die Söhne und Nachfahren der Diadochen, beginnend mit Ptolemaios II., Antiochos II., Antigonos II.
Falerner | Wein aus dem für Wein- und Obstbau berühmten ager Falernus im nördlichen Kampanien
Goldstücke | Goldmünzen (lat. aureus, pl. aurei), in Rom erstmals als Notprägungen aus dem für Münzgeld unüblichen Metall im späten 3. Jh. v. Chr. und in zwei Nominalen zu ca. 6,8 g und ca. 3,4 g hergestellt

Kapitol | Hügel in Rom (46 m), auf dessen südlicher Kuppe auf einem ca. 1,5 ha großen Plateau seit dem 6. Jh. v. Chr. der Tempel der drei Götter Iupiter Optimus Maximus, Iuno und Minerva stand; Ziel des Triumphzuges, wo der Triumphator im Tempel als Gast Iupiters speisen durfte.
Kline | Speisesofa; erhöhte, auf Füßen ruhende Liege mit erhöhtem Auflager an einer oder beiden Seiten, aus einem rechteckigen Rahmen mit Gurten, Matratzen, Decken und Kissen; aus Holz oder Bronze sowie zur Verzierung mit Elfenbein und/oder diversen Edelmetallen belegt
Kolonie | Siedlungsneugründung (griech.: apoikía, wörtl.: Aussiedlung) fernab der ‹Mutterstadt›; griechische ‹Tochterstädte› waren selbstständige Poleis und sowohl politisch wie ökonomisch unabhängig. In Italien wurden von den Römern bzw. von ihnen gemeinsam mit ihren latinischen Bundesgenossen Siedlungen (coloniae romanae, coloniae latinae) zur Herrschaftssicherung in eroberten Gebieten und zumeist zuvor existenten Ortschaften angelegt.
Königsfreund | (griech.: phílos tu basiléos) Mitglied des Kronrates und/oder Funktionär im Dienst eines Königs; nicht selten aus der näheren oder entfernten Verwandtschaft, stets ein Vertrauter aus dem persönlichen Bekanntenkreis des Herrschers; im 3./2. Jh. v. Chr. entwickelte sich nach ptolemäischen Vorbild überall eine Hierarchie von ‹ersten›, ‹vorzüglichen› usw. Freunden.
Konsul | Oberster Magistrat in Rom, stets doppelt besetzt; Wahl durch die Volksversammlung; Inhaber des militärischen Oberbefehls; nach den beiden Konsuln wurde das Jahr benannt und wurden entsprechend Urkunden und Berichte datiert. Die Bekleidung des Konsulats folgte auf diejenige anderer Ämter einschließlich der Prätur, so dass ein Amtsinhaber bei der Erreichung der Spitze seiner Karriere üblicherweise ein Alter von mindestens 40 Jahren erreicht haben dürfte. Eine wiederholte Wahl zum Konsul war nach dem Abstand einiger Jahre möglich.
Konsular | Gewesener Konsul
Krater | Mischkrug oder Mischkessel (griech.: kratér) aus Ton, Bronze oder Edelmetall in vielen Größen und Gestaltungen; beim Gastmahl wurde darin Wein mit Wasser (in beliebigen Proportionen) gemischt und daraus in die Trinkgefäße geschöpft.
Legat(us) | wörtl. Abgesandter; als Hilfsbeamter eines Magistrat in dessen Auftrag und zu dessen Unterstützung außerhalb Roms tätig.
Legion(en) | Ursprünglich Gesamtheit des römischen Milizheeres mit 84 Hundertschaften Fußtruppen, sechs Hundertschaften Reiterei und fünf Hundertschaften Spezialisten, seit dessen Aufteilung bei der Einführung des Doppelkonsulat veränderte sich Umfang, Bewaffnung und Taktik, so dass schließlich im 3./2. Jh. die sog. Manipellegion eine Sollstärke von 6000 Mann hatte, bestehend aus 10 Manipel à 120 Mann hastati (Schwerbewaffnete mit Lanzen), genauso viele gleichbewaffnete principes und 10 Manipel à 60 Mann triarii (Kämpfer der dritten Kampfreihe) sowie 1200 velites (Leichtbewaffnete, Plänkler) und 1800 Reitern.

Magistrat(us) | römischer Jahresbeamter, gewählt von der Volksversammlung
Oligarchie | Staatsform (‹Herrschaft der Wenigen›), in welcher die politischen Entscheidungen mehr bei dem Rat als bei der Versammlung der Bürger lagen; das Bürgerrecht war in Oligarchien oftmals an ein Mindestvermögen gebunden; im Rat war die Mitgliedschaft lebenslänglich; Eintritt in den Kreis der Ratsherren erfolgte durch die vorherige Inhaber eines Amtes.
Ovatio | ‹kleiner› bzw. ‹minderer› Triumph zur Belohnung eines Erfolges, der nicht die Voraussetzung für die Gewährung eines ordentlichen Triumphes erfüllte; der Geehrte zog zu Fuß, mit einer Toga praetexta und einem Myrtenkranz unter Begleitung von Flötenmusik zum Kapitol.
Patrizier, patrizisch | (lat. patres, patricii) Angehörige der ursprünglichen römischen Aristokratie, deren Familienoberhäupter den Senat bildeten. Während ihnen in der Frühzeit der Republik alle Ämter und Priestertümer vorbehalten waren, teilten sie sich seit dem 4. Jh. v. Chr. in die meisten mit den Plebejern, blieben aber weiterhin die Vornehmeren.
Peltast | Leichtbewaffneter, benannt nach dem flachen Schild (griech. pélte), aber auch mit Schwert und Lanze für Nahkampf gerüstet
Pfund | lat. libra), römische Gewichtseinheit von ca. 327 g
Plebejer, plebejisch | Angehörige der nichtpatrizischen Familien in der Masse der Bürger (lat. plebs); seit dem 4. Jh. v. Chr. gelangten auch P. als soziale Aufsteiger in den Senat und zum Konsulat; manche altehrwürdigen Ämter blieben ihnen verwehrt.
Polis | Fachbegriff für den griechischen Stadtstaat im Sinne der Siedlungs-, Wehr- und Kultgemeinschaft
Prätor | römischer Magistrat (wörtl. ‚der Vorangehende›), ursprünglich oberster Befehlshaber Roms; im Lauf der historischen Entwicklung von Staat und Verwaltung kamen bis Ende des 3. Jh. v. Chr. zu dem für die Rechtsprechung in der Stadt (praetor urbanus) und derjenigen für Prozesse mit Nichtrömern (praetor peregrinus) zwei weitere Prätoren als Statthalter in den Provinzen Sizilien und Sardinien hinzu. Die Bekleidung einer Prätur folgte auf diejenige anderer Ämter und ging üblicherweise der Wahl zum Konsul voran, so dass ein Amtsinhaber das Alter von ca. 40 Jahren erreicht haben müsste.
Proconsul | Heerführer oder Statthalter, der konsularische Gewalt innehatte, ohne Konsul zu sein, zu dieser Aufgabe bestellt entweder im Anschluss an ein Konsulat durch die Verlängerung der Amtsgewalt (prorogatio) oder durch Senats- oder Volksbeschluss.
Proprätor | Heerführer oder Statthalter, der prätorische Gewalt innehatte, ohne Praetor zu sein, zu dieser Aufgabe bestellt entweder im Anschluss an seine Prätur durch die Verlängerung der Amtsgewalt (prorogatio) oder durch Senats- oder Volksbeschluss.
Reiterführer | (lat. magister equitum) in Notzeiten vom Dictator ernannter Magistrat mit Befehlsgewalt, gegebenenfalls Stellvertreter des Dictators

Ritter | Reiter der 18 Hundertschaften (centuriae) mit ‹Staatspferd› (equites equo publico) oder mit privat gestelltem und ausgerüstetem Pferd (equites equo privato); Mindestvermögen für die Zugehörigkeit zum Ritterstand (ordo equester): 400 000 Sesterzen (= ca. 440 kg Silber). Kennzeichen war der Ritterring, den auch Senatoren trugen.
Satrap | Aus der Reichsverwaltung des Perserreiches der Achämeniden schon von Alexander d. Gr. übernommene Bezeichnung für den ‹Gouverneur› einer Satrapie (‹Reichsprovinz›) mit zivilen und militärischen Vollmachten in Stellvertretung des Königs.
Schekel | phönizisch-punische Silbermünze mit einem Gewicht von ca. 7g
Senat/Senator | Ratsversammlung aus 300 Ratsmitgliedern; de facto die Regierung Roms, da der Senat die Konsuln beriet und in seinen Reihen die politische Erfahrung aller früheren Amtsträger kumulierte. Ursprünglich als Adels- und Ältestenrat bestehend aus den Familienoberhäuptern der Patrizier; Mitgliedschaft nach Amtsjahr als Aedil oder durch Benennung durch die Censoren, denen alle fünf Jahre die Vermögensschätzung der Bürger oblag.
Staatsgerichtshof | Oberstes Gericht in Karthago, zuständig für Kapitalverbrechen und Beamtenkontrolle; die 104 Mitglieder wurden aus dem Kreis des 300-köpfigen Rates ernannt durch ein Fünfergremium des Gerichtshofes
Stratege | (griech.: strategós) Feldherr, militärischer Befehlshaber, in griechischen Poleis meist Kollegium, deren Mitglieder jährlich neu benannt wurden, aber anders als zivile Amtsträger in aufeinander folgenden Jahren erneut wählbar. In Karthago wurden Strategen zumeist ohne gleichberechtigte Kollegen für einen längeren Zeitraum und für einen bestimmten geografischen Amtsbereich gewählt.
Sufet(en) | (hebr. schofet, pl. schofetim, wörtl. ‹Richter›) zwei gleichberechtigte Oberbeamte in Karthago, gewählt von der Volksversammlung aus dem Kreis der Vornehmen und Reichen; zuständig für Innen- und Außenpolitik in enger Abstimmung mit dem Rat.
Talent | Gewichtseinheit und Rechenwert: 1 Talent = 6 000 Drachmen; unter den diversen Gewichtsstandards der griechischen Staatenwelt war das attische T. mit ca. 26,2 kg am meisten verbreitet sowie das euböische T., das einem Gewicht von 7 000 attischen Drachmen entsprach.
Toga | typisch römisches Gewand, bestehend aus segmentförmig geschnittenem weißem Wolltuch. Bei Rittern hatte die T. einen schmalen, bei Senatoren einen breiten Randbesatz aus Purpurstoff (clavus); ein Römer war bei offiziellen Anlässen zum Anlegen der T. verpflichtet.
Triumph | Siegesfeier mit politischen und religiösen Aspekten; beschränkt auf den siegreichen Feldherrn (imperator) mit offizieller Befehlsgewalt (imperium) in einem rechtmäßigen Krieg (bellum iustum); die Entscheidung über die Zuerkennung eines T. lag beim Senat, der auch die von der Staatskasse übernommenen Kosten festsetzte. Der Triumphator fuhr auf einem vierspännigen Wagen, bekleidet mit der an Königs- und Götterornat erinnernden purpurfarbenen und mit Gold bestickten toga

picta über einer mit Palmettenmuster bestickten Tunika, vom Marsfeld zum Kapitol, wo er als Gast der Iupiter speiste. Im Triumphzug wurden Beutestücke und Gefangene vorgeführt.

Tyrannis | unbegrenzte Gewaltherrschaft in einer Polis gegen den Willen der Bürgerschaft; in der griechischen Staatsphilosophie als frevelhaftes, gesetzloses Willkürregime gebrandmarkt

Via Flaminia | Straßenverbindung von Rom zur nördlichen Adriaküste und von dort über Oberitalien nach Gallien/Frankreich, benannt nach dem Initiator C. Flaminius, der als Censor 223 v. Chr. die benötigten Gelder verfügbar machte.

Volkstribunen | (lat. tribuni plebis) zehn Vertreter der plebs zum Schutz der Plebejer gegen unrechtmäßige Amtsakte eines Magistrats mit Einspruchsrecht gegen Senatsbeschlüsse

Vorzeichen | (lat.: prodigium) außergewöhnliches Phänomen, insbesondere meteorologische Erscheinung, Missgeburt bei Menschen und Tieren, galt als Ankündigungen göttlicher Reaktionen auf menschliches Fehlverhalten und forderte eine Deutung durch sachkundige Seher.

Geografische Namen

Namen von Städten und Landschaften, die heute (= h.) genauso heißen wie in der Antike (zum Beispiel Alexandria) beziehungsweise nur etwas anders geschrieben werden (zum Beispiel Kaulonia = Caulonia; Mytilene = Mitilini), werden nicht aufgeführt.

Acholla | h.: Bou-Tria; Stadt an der osttunesischen Küste
Achradina | Stadtteil von Syrakus
Adrymes | h.: Sousse; Stadt an der osttunesischen Küste
Ägatische Inseln | h.: Favignana, Levanza; Inselgruppe vor der Westküste Siziliens
Ätolien/Ätoler | Landschaft in Westgriechenland; dortiger Stammesverbund
Ainos | h.: bei Enez an der westtürkischen Ägäis-Nordküste
Akragas | h.: Agrigento
Akra Leuke | h.: Alicante (?), von Hamilkar Barkas gegründete Stadt in Südspanien
Amiternum | h.: Vittorino bei L'Aquila; Stadt im Sabinergebiet
Amtorgis | Stadt im mittleren Spanien; Lage unbekannt
Anapos | h.: Fiume Anapo, sizilianisches Flüsschen östlich von Siracusa
Antiocheia | h.: Antakya (Südosttürkei); am unteren Orontes (h.: Nahr el Assi)
Apameia | h.: Dinêr; im südphrygisch-pisidischen Grenzgebiet (zuvor: Kelainai)
Apollonia | h: Poian; griechische Stadt an der albanischen Adriaküste
Arretium | h.: Arezzo
Ariminium | h.: Rimini
Artaxata | h.: Artashat; armenische Stadt südöstlich von Yerewan
Atintania/Atintanen | nordwestepirotischen Binnenlandschaft/deren griechische Bewohner
Aufidus | h.: Ofanto, Fluss in Apulien
Baecula | h.: bei Bailén (Provinz Jaén)
Baetis | h.: Guadalquivir
Bagradas | h.: Oued Medjerda
Baleareninsel, Kl. | h.: Menorca
Bithynien | Landschaft in der nordwestlichen Türkei
Bojer | Keltenstamm in Oberitalien
Bononia | h.: Bologna
Brundisium | h.: Brindisi
Bruttium/Brettier | Landschaft im süditalienischen Lukanien/deren nichtgriechische Bewohner, im 3. Jh. v. Chr. Stammesverbund
Byzantion | h.: Istanbul

Cannae | befestigtes Städtchen am Südufer des Aufidus (h.: Ofanto) in Apulien
Canusium | h.: Canosa
Capua | h.: S. Maria in Capua vetere
Casilinum | h.: Capua (neugegründet im 9. Jh. n. Chr.)
Castulo | h.: bei Linares (Provinz Jaén), Stadt der Orisser
Cirta | h.: Constantine
Clastidium | h.: Casteggio
Compsa | h.: Conza di Campania
Consentia | h.: Cosenza
Emporion | h.: Ampurias
Ephesos | h.: bei Selcuk (türkische Westküste)
Epidamnos | h.: Durres
Epipolai | Kalksteinplateau bei Siracusa
Epiros/Epiroten | nordwestgriechisch-südalbanische Küsten- und Binnenlandschaft; deren ethnisch griechische Bewohner, vom 5. bis zur 2.Hälfte des 3. Jh.
Etrurien/Etrusker | Toscana sowie weitere Regionen Mittelitaliens (Umbrien, Emilia Romagna)
Faesulae | h.: Fiesole
Felsina | etruskische Stadt als Vorgängerin des keltischen Bononia
Gades | h.: Cadiz
Galater | Kelten/Gallier in Zentralanatolien
Gallia Cisalpina | Oberitalien
Gaugamela | h: bei Erbil
Gedrosien | h.: Balutschistan
Gereonium | h.: bei Larino/Monte Gerione
Gortyn | h.: Agii Deka, Südkreta
Grumentum | h.: bei Saponara-Grumento in Lukanien
Helike | h.: Alcudia de Elche
Hellespont | h.: Dardanellen
Herakleia Minoa | h.: Eraclea Minoa an der sizilianischen Südküste westl. von Agrigento
Herakleia a. Siris | h.: Policoro
Hippakra = Hippo | h.: bei Hippone (bei Bône)
Iberien | h.: Spanien und Portugal
Ilipa | h.: Alcalá del Río (am Guadalquivir)
Illyrien/Illyrer | h.: Adriatische Küstenzone von Albanien bis Kroatien
Ilurgeia | keltiberisches Städtchen in Andalusien, nicht lokalisiert
Insubrer | Keltenstamm in Oberitalien
Ionien/ionisch | Westkleinasiatische Küstenregion
Issos | h.: bei Iskenderun am Fluss Pinaros (h.: Deli Cay), Südosttürkei
Ityke (= Utica) | h.: Henchir bou Chateur an der heute verlandeten Mündung des Bagradas (h.: Medjerda)
Kap Lakinion | h.: Capo Colonna
Karpetaner | iberischer Stamm am mittleren Tagus (h. Tajo/Tejo)

Kaystros | h.: Kücük Menderes
Kelten | Sammelbezeichnung für Stämme in Siedlungsgebieten vom südlichen Mitteleuropa, bes. Frankreich (lat. Gallia), bis in den oberen und unteren Donauraum
Keltiberer | Sammelbezeichnung für keltische Stämme in Spanien
Kerkina | Kerkenna, Insel vor der tunesischen Ostküste
Korkyra | h.: Korfu
Kilikien | Küsten- und Binnelandregion im Südosten der Ägäis
Kossura | Pantelleria
Kroton | h.: Crotone
Kyme (= Cumae) | h.: bei Capo Miseno nahe Pozzuoli
Kyrene | h.: Shahat in Libyen
Kyrnos | h.: Korsika
Kyzikos | h.: bei Erdek am Marmarameer, nahe Bandirma
Lanuvium | h.: Lanuvio
Libyen (= Africa) | Nordafrika
Lilybaion | h.: Marsala
Luceria | h.: Lucera
Lukanien/Lukaner | h.: Region in Süditalien zwischen Apulien und Kalabrien/deren nichtgriechische Bewohner
Lydien/Lyder | Küsten - und Binnenlandregion in Westkleinasien, benachbart Ionien/deren nichtgriechische Bewohner
Lysimacheia | h.: bei Baklaburnu, hellenistische Stadtgründung auf dem Isthmos der Thrakischen Chersonnes (h.: Gallipoli-Halbinsel)
Magna Graecia | wörtl.: Großgriechenland; h.: Süditalien
Masaisylier | (Halb-)Nomadenstämme im westlichen Nordafrika, h.: Westalgerien bis Marokko
Massilia | h.: Marseille
Melita | h.: Malta
Meninx | h.: Djerba
Messana | h.: Messina
Milet | h.: Balat (zwischen Söke und Didim), Westtürkei
Molosser | epirotischer Stamm
Mysien | binnenländische Region im nördlichen Westkleinasien
Neapolis | h.: Napoli
Neukarthago | lat. Carthago Nova, h.: Cartagena
Numidien/Numider | Region in Nordafrika im Hinterland und westlich von Karthago bzw. Tunis/einheimische Bevölkerung
Olkaden | iberischer Stamm am Oberlauf des Tades (h.: Segura)
Olymp, Bithynischer | auch: Mysischer Olymp, h.: Uludag (2493 m)
Orisser = Oretaner | iberischer Stamm im Guadianatal und der westlichen Sierra Morena
Ortygia | alter Stadtkern von Siracusa, auf einer schon in antiker Zeit mit dem Festland durch einen Damm verbundenen Insel gelegen
Pamphylien | Region an der Südküste Kleinasiens, h.: Südtürkei bei Antalya und Side

Parthiner | illyrischer Stamm im Gebiet des Ochrid-Sees
Pergamon | h.: Bergama, Westtürkei
Perusia | h.: Perugia
Pharos | h.: Hvar, Insel vor der dalmatischen Küste
Phrygia Epiktetos | binnenländische Region im Süden Mysiens
Picenum | ostitalienische Küstenzone nördlich von Apulien
Pisidien | binnenländische, an Pamphylien anschließende Region südlich Zentralanatoliens
Placentia | h.: Piacenza
Pontos | Gebiete am Schwarzen Meer, vornehmlich im Gebiet der Türkei
Praeneste | h.: Palestrina
Prusa (ad Olympum) | h.: Bursa, am Fuß des Olymp (h.: Uludag)
Rhegion | h.: Reggio di Calabria
Rhodanos | h.: Rhône
Sagunt | h.: Sagundo
Salaika | Stadt im Medjerda-Tal, nicht lokalisiert
Salapia | Stadt im apulisch-samnitischen Grenzgebiet, nicht lokalisiert
Säulen des Herakles | h.: Gibraltar
Seleukeia Pieris | h.: bei Samandag
Seleukeia a. Tigris | h.: Tell Umar (am rechten Tigrisufer)
Sidon | h.: Saida
Siga | h.: Takembrit (Algerien)
Sikelioten | Selbstbezeichnung der Griechen in Sizilien
Syrakus | h.: Siracusa
Syrte, Kleine | h.: Golf von Gabes
Tarent | h.: Taranto
Tarraco | h.: Tarragona
Tartessos | Erzreiche Region von Südwestspanien (bei Huelva) bis nach Portugal
Teos | h.: Seferihisar, südlich von Izmir an der westtürkischen Ägäisküste
Thermopylen | Küstenpass zwischen Mittel- und Nordgriechenland im südwestlichen Teil des Golfes von Volos
Ticinus | h.: Fiume Ticino
Trasimenischer See | h.: Lago Trasimeno
Trebia | h.: Fiume Trebbia
Turditaner | iberischer Stamm im Gebiet des Baetis (h.: Guadalquivir)
Tynes | h.: Tunis
Tyros | h.: Sur
Tyrrhenisches Meer | h.: Mare Tirreno
Vakkäer | iberischer Stamm am mittleren Lauf des Duero, Gebiet von Salamanca
Venusia | h.: Venosa
Volturnus | h.: Fiume Volturno
Zama | Name mehrerer Städte im mittleren Tunesien, z.B. Zama Minor, h.: Jama; Zama Regia, h.: bei Le Sers; der Schlachtenort ist nicht lokalisiert; eine Vermutung sieht ihn bei Sakiet Sidi Youssef.

Literaturhinweise

Ausstellungskatalog Hannibal ad portas. Macht und Reichtum Karthagos, hg. v. Badischen Landesmuseum Karlsruhe, Stuttgart 2004.

Barcelo, P., Hannibal, München 1998.

Barcelo, P., Hannibal. Stratege und Staatsmann, Stuttgart 2004.

Christ, K. (Hg.), Hannibal, Darmstadt 1974.

Christ, K., Hannibal, Darmstadt 2003.

De Beer, G., Hannibal. Ein Leben gegen Rom, München 1970.

Geus, K., Prosopographie der literarisch bezeugten Karthager, Löwen 1994.

Görlitz, W., Hannibal. Eine politische Biographie, Stuttgart u.a. 1970.

Groag, E., Hannibal der Politiker, Wien 1929, ND Rom 1967.

Gruen, E.S., The Hellenistic World and the Coming of Rome, Berkeley 1984.

Günther, L.-M., Hannibal im Exil: Seine antirömische Agitation und die römische Gegnerwahrnehmung, in: D. Devijver, E. Lipinski (Hgg.), Punic Wars, Leuven 1989 (= Studia Phoenicia X), S. 241–250.

Günther, L.-M. (Hg.), Hannibal und Europa im aktuellen Geschichtsverständnis, Bochum 2005.

Günther, L.-M., Griechische Antike, Tübingen 2008.

Günther, L.-M., Hera Lakinia auf Münzen der brettischen Verbündeten Hannibals?, in: Jahrbuch für Numismatik und Geldgeschichte 58, 2008, S. 19–40.

Heftner, H., Der Aufstieg Roms. Vom Pyrrhoskrieg zum Fall Karthagos (280–146 v. Chr.), Regensburg 1997, ^{2}2006.

Hölkeskamp, K.-J., Stein-Hölkeskamp, E. (Hgg.), Von Romulus zu Augustus – Große Gestalten der römischen Geschichte, München 2000, S. 120–130.

Hoffmann, W., Hannibal, Göttingen 1962.

Hoyos, B.D., Unplanned Wars. The Origins of the First and Second Punic Wars, Berlin/New York 1998.

Hoyos, B.D., Hannibal's Dynasty. Power and Politics in the Western Mediterranean, London/ New York 2003.

Hoyos, B.D., Hannibal. Rome's greatest enemy, Exeter 2008.

Huss, W., Geschichte der Karthager, München 1985.

Huss, W., Die Karthager. München 1990.

Huttner, U., Römische Antike, Tübingen 2008.

Kukofka, D.-S., Süditalien im zweiten Punischen Krieg, Frankfurt am Main u.a. 1990.

Lancel, S., Carthage, Poitiers 1992.

Lancel, S., Hannibal, Düsseldorf 2000.

Lazenby, J.F., Hannibal's War, Warminster 1978.

Le Bohec, Y., Histoire militaire des guerres puniques, Paris 1995.

Marchetti, P., Histoire économique et monétaire de la deuxième guerre punique, Brüssel 1978.

Schmitt, H.H., Untersuchungen zur Geschichte Antiochos' des Großen und seiner Zeit, Wiesbaden 1964.

Schmitt, Tassilo, Hannibals Siegeszug, München 1991.

Scullard, H.H., Scipio Africanus. Soldier and Politician, London 1970.

Seibert, J., Hannibal, Darmstadt 1993.

Seibert, J., Forschungen zu Hannibal, Darmstadt 1993.

Seibert, J., Hannibal. Feldherr und Staatsmann, Mainz 1997.

Storm, E. (Hg.)., Massinissa. Numidien im Aufbruch. Ein Forschungsbericht, Frankfurt am Main 2001.

Zimmermann, K., Rom und Karthago, Darmstadt 2005.

Karten

Kampf um das westliche Mittelmeer

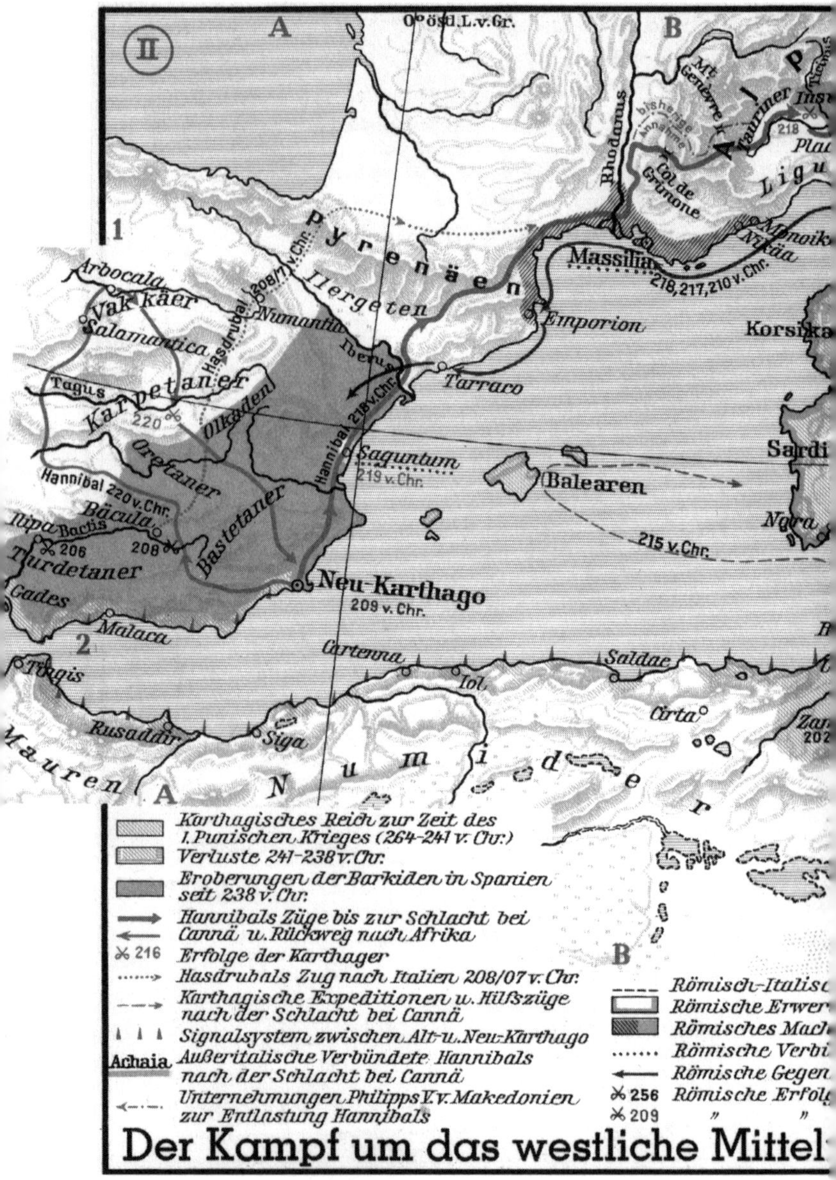

Maßstab 1:17 500 000
0 100 200 300 km
20°
40°
30°
C
D
1
2
Veneter
Istrer
Padus
Hasdrubal
Ariminum
Metaurus 207
Ancona
Pharos
Issa
Perusia
Telamon
Rom
Cannä
216 v. Chr.
Capua
Benevent
Venusia
Neapolis
Lucanien
Brundis.
Tarent
209
Bruttier
Kroton
Lakin. Vorgeb.
Messana
Mylä 260
Drepanum
Panormos
241
Lilybäum
Heraklea
213
Syrakus
212 v. Chr.
Agrigent
Clupea
256
Vgb. Eknomos
Vorgeb. Pachynon
215
212
Adrumetum
Melita
Lokri
Rhegion
212, 210
Rückweg Hannibals 203 v. Chr.
Leptis-minor
Kerkina
Kleine Syrte
Meninx
Öa
Sabrata
Leptis magna
Gr. Syrte
Charax
Kyrene
Illyrer
Dardaner
Skodra
Rhizon
Lissos
Bylazora
213
Makedonien
Pella
Lemnos
Apollonia
Phönike
Epiros
214/13
Korkyra
211/10
Ätolia
Oreos
Chalkis
Achaia
Korinth
Elis
Olympia
Argos
Sparta
Messene
Kephallenia
Zakynthos
210/9
Philipp V. v. Makedonien 214
Athen
renze 264 v. Chr.
eit 241 v. Chr.
Italien 218 v. Chr.
2. Punischen Kriege
unischen Krieg 264-241 v. Chr.
" " 218-201 v. Chr.
zwischen Rom und Karthago

Das Römische Weltreich

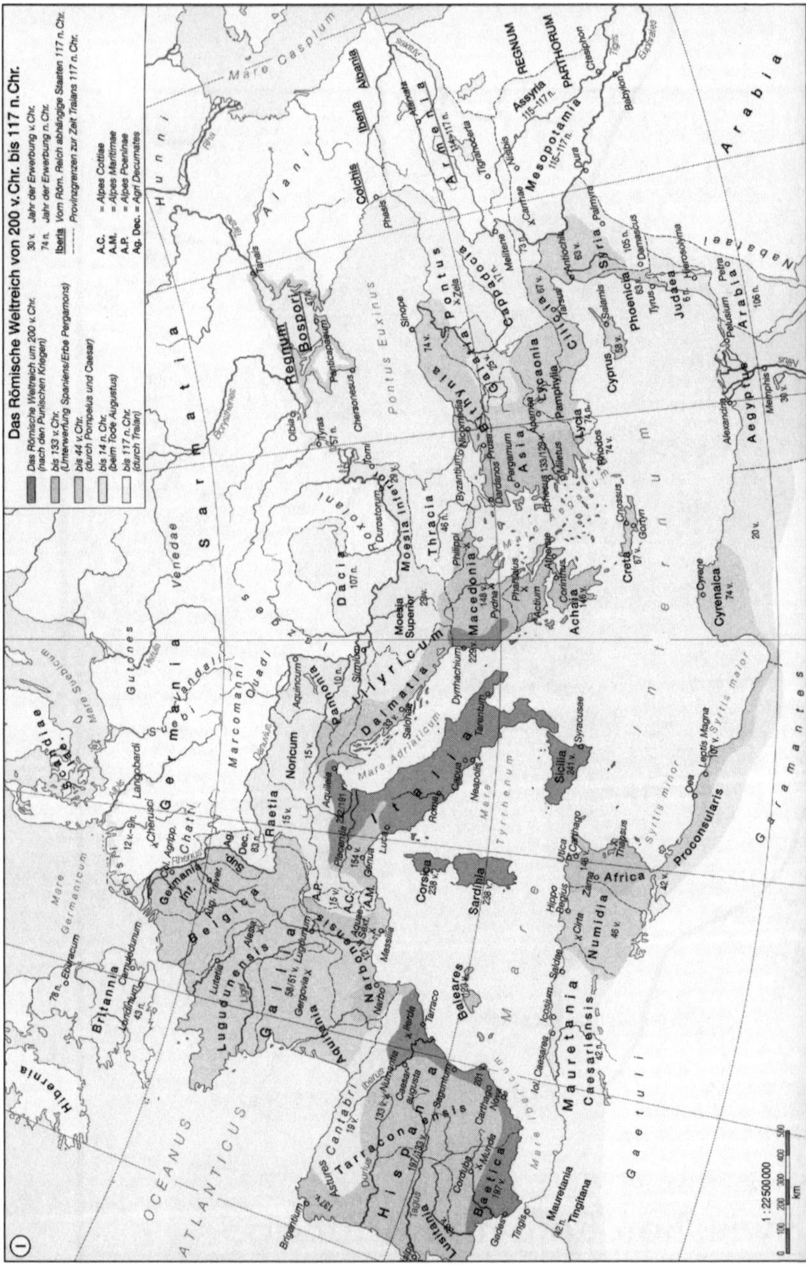

Bildnachweise

S. 36: © Hirmer-Verlag, München

S. 11, 85, 104, 144, 172: © Linda-Marie Günther, München

S. 26: © Augustinermuseum, Freiburg

S. 116, 152: © picture-alliance / akg-images

S. 52, 186: Verlagsarchiv Herder

Karten: Kampf um das westliche Mittelmeer: © Westermann Schulbuchverlag, Braunschweig; Das römische Weltreich: © Cornelsen Verlag, Berlin

Wenn Rechteinhaber nicht ausfindig gemacht werden konnten, bleiben Honoraransprüche bestehen.